A SHORT GUIDE TO WRITING ABOUT LAW

法律写作简明指南

［美］凯蒂·罗丝·格斯特·普瑞尔
（Katie Rose Guest Pryal）著
顾明 译

目 录
Contents

前 言 ··· 1
    章节总览 ·· 3

致 谢 ··· 5

第一章　法律写作 ·· 1
    1.1　为什么需要法律写作? ······································· 3
        1.1.1　法学院之外的法律 ··································· 4
        1.1.2　援引检索成果 ··· 5
    1.2　美国法系 ·· 5
    1.3　修辞术和法律 ·· 8
        1.3.1　作为修辞学家的律师：诡辩家 ················ 9
        1.3.2　演说术的体裁 ··· 9
    1.4　修辞学分析：修辞学三角形 ······························ 11
        1.4.1　劳伦斯诉德克萨斯州案和修辞学三角形 ···· 18
    1.5　修辞学手法 ·· 20

1.6 提出有效的论点：三段论法和谬误 ················· 22
    1.6.1 隐藏的前提：三段论省略式 ················ 24
    1.6.2 三段论省略式的运用 ···················· 25
1.7 撰写一篇正式的修辞学分析 ····················· 28
    1.7.1 上下文如何？ ······················· 29
    1.7.2 讲话者是谁？ ······················· 29
    1.7.3 你是否被感动了？ ···················· 29
    1.7.4 论点是否有效？ ····················· 30

第二章 阅读案例ㆍㆍㆍㆍㆍㆍㆍㆍㆍㆍㆍㆍㆍㆍㆍㆍㆍㆍㆍㆍㆍㆍ 31

2.1 案例和判决意见书是什么？ ····················· 33
2.2 判词摘要的基本组成部分 ······················ 35
    2.2.1 案件名称和案件援引 ···················· 36
    2.2.2 诉讼的争点 ························ 39
    2.2.3 事实 ··························· 41
    2.2.4 裁决 ··························· 42
    2.2.5 论证 ··························· 42
    2.2.6 反对意见书和并行意见书 ················· 44
2.3 法律惯用语句 ····························· 45
    2.3.1 判例 ··························· 46
    2.3.2 立法 ··························· 48
    2.3.3 历史 ··························· 49
    2.3.4 国际法或比较法 ····················· 49
    2.3.5 道德 ··························· 50

  2.3.6　公共政策 ··· 51
  2.3.7　科学 ·· 51
 2.4　撰写判词摘要 ·· 52
  2.4.1　案例要阅读两遍 ······································ 52
  2.4.2　将诉讼的争点设计成一个"是"或"否"的问题 ····· 52
  2.4.3　只列出相关事实 ······································ 52
  2.4.4　论证部分应为原文的一半 ·························· 53

第三章　法律学术解析 ··· 55

 3.1　组织框架 ·· 58
  3.1.1　古典框架 ·· 59
  3.1.2　结论－规则－应用－结论（C-RAC）的框架 ····· 66
  3.1.3　学术框架 ·· 69
 3.2　创造和支持一个论题 ······································· 72
  3.2.1　创造一个论题 ·· 73
  3.2.2　支持一个论题 ·· 74
 3.3　证据 ·· 75
  3.3.1　主要原始资料对次要原始资料 ······················ 76
  3.3.2　学术原始资料对非学术原始资料 ··················· 77
 3.4　反诉和反驳 ··· 79
 3.5　撰写一个论点大纲 ·· 83
  3.5.1　第一步：支持性论点 ·································· 83
  3.5.2　第二步：证据 ·· 84
  3.5.3　第三步：整理和过渡 ·································· 84

第四章　非律师人士的法律检索·················87

4.1　法律检索的原则··················89
4.1.1　援引足迹··················90
4.1.2　精确··················91

4.2　网上法律检索工具··················93
4.2.1　LexisNexis Academic 律商网学术大全数据库··················93
4.2.2　HeinOnline 法学期刊全文数据库··················96
4.2.3　美国律师协会网上法律评论数据库··················97
4.2.4　谷歌学术高级检索··················98
4.2.5　查找美国最高法院判决的 Oyez 网和查找美国制定法和案例法的 Justia 网··················98
4.2.6　Findlaw 找法网··················99
4.2.7　国会图书馆法律图书馆··················100
4.2.8　康奈尔大学法律信息学院··················100
4.2.9　维基百科··················100
4.2.10　联邦法院··················101
4.2.11　州法院··················101
4.2.12　美国政府出版局··················102

第五章　撰写有效的段落··················103

5.1　导论段落··················106
5.1.1　题目··················107
5.1.2　上下文··················108
5.1.3　学术对话··················110

5.1.4　论题 ·· 111
　　　5.1.5　方法论 ·· 113
　　　5.1.6　评估一名学生的导论 ·· 113
　5.2　背景段落 ··· 115
　　　5.2.1　评估一名学生的背景段落 ··· 117
　5.3　争点段落 ··· 119
　　　5.3.1　主题句 ·· 120
　　　5.3.2　来自原始资料的支持 ·· 120
　　　5.3.3　总结/解释/应用 ··· 120
　　　5.3.4　过渡 ··· 121
　　　5.3.5　评估一名学生的争点段落 ·· 121
　5.4　结论段落 ··· 123
　5.5　分析一个导论 ·· 125
　　　5.5.1　问题 ·· 126

第六章　使用原始资料 ·· **127**

　6.1　援引的修辞学目的 ·· 129
　　　6.1.1　获得可靠性 ·· 130
　　　6.1.2　提供材料来源说明 ·· 131
　　　6.1.3　检索足迹 ··· 132
　6.2　基本援引结构 ·· 133
　　　6.2.1　援引的三个组成部分 ··· 133
　　　6.2.2　以现代语言协会和美国心理学协会格式表示的法源 ······· 135
　6.3　整合原始资料 ·· 142

   6.3.1 讲话者是谁？·················142
   6.3.2 信号词语···················143
   6.3.3 样板学生段落················144
  6.4 援引主要法律文件·················149
   6.4.1 法院判决意见书和其他文件··········150
   6.4.2 立法材料···················161
   6.4.3 国际法和条约················164
   6.4.4 外国法律···················165
   6.4.5 行政材料···················166
  6.5 试一试：检索和援引法源·············167
   6.5.1 例子·····················167
   6.5.2 现在你来试一试···············167

第七章　写作研习会和修改·················**169**

  7.1 法律话语的怪癖··················172
   7.1.1 成对的同义词················173
   7.1.2 介词短语···················174
   7.1.3 名词化和被动语态的动词···········175
   7.1.4 "判例"····················178
   7.1.5 介绍案例···················179
   7.1.6 试一试：使用易懂的英语写作········179
  7.2 优秀学术写作的实用小建议············180
   7.2.1 主题句和路标················180
   7.2.2 "清晰地"···················181
   7.2.3 编辑的夸张法················181

        7.2.4 陈词滥调 ································ 183
        7.2.5 格式问题 ································ 184
    7.3 修改 ·· 186
        7.3.1 早动手 ································ 187
        7.3.2 重新看 ································ 187
        7.3.3 使用修改清单 ···························· 188
        7.3.4 请朋友帮忙 ······························ 190
    7.4 写作研习会 ·································· 190
        7.4.1 计时 ···································· 191
        7.4.2 大声朗读 ································ 191
        7.4.3 提出赞扬和批判 ·························· 192
        7.4.4 要具体化 ································ 192
    7.5 编辑使用的缩写 ······························ 192

第八章 分享你的研究成果 ······························ **195**
    8.1 口头演示 ···································· 197
        8.1.1 关注修辞学 ······························ 198
        8.1.2 组织 ···································· 200
        8.1.3 演示软件的实用小建议 ···················· 201
    8.2 发表你的研究成果 ···························· 203
        8.2.1 检索各种杂志 ···························· 203
        8.2.2 撰写摘要 ································ 205
        8.2.3 撰写附信 ································ 209
        8.2.4 以电子邮件向杂志发送你的作品 ············ 213

附录一　术语词汇表 ·· 215

附录二　样板学生作品 ·· 225

  关于案例的写作 ·· 225

    修辞学分析 ·· 225

    判词摘要 ·· 229

  学术法律写作 ·· 230

    摘要 ·· 231

    论点大纲 ·· 232

    研究文章 ·· 239

    附信 ·· 250

援引著作 ·· 253

前　言

本书填补了一项空白：它教授非律师人士和非法学院学生如何进行关于法律的写作。法律是复杂的专业话语，已经不知不觉地进入到许多学科的本科课程中。这些学科不仅有法学预科，还有政治学、刑事司法、社会学和例如法律与文学这样的交叉学科。本书将会以易于理解的方式向学习者介绍法律话语、法律判决意见书和制定法，也会介绍如何使用在线搜索引擎来进行法律检索。本书将指导读者撰写各种专业前期的和学术性法律体裁的作品，包括研究论文，并将指导读者如何进行会议演示和发表学术作品以与更广泛的公众共享研究成果。

关于法律写作最难的部分是理解法律话语。在一系列体裁和形式不明确的法律作品和文件中，法律话语使用了高度专业的词汇和各种修辞手法。本书会讲解其中的每一种难点。

- 词汇。因为法官和律师们使用一种高度专业的语言，其词汇跨度为一千年而且源于多种语言，所以当关键法律术语在课文之中出现时会以黑体标出。它们的定义会出现在正文和附录的词汇表中。
- 法律体裁。本书在说明法律话语时采用了基于体裁的方式。它把一些体裁作为写作项目（例如判词摘要和学术研究论文）来说明，并把另一些作为法律证据的原始资料（例如司法判决意见书或上诉律师的法律理由书）来说明。当一种法律体裁在课文中首次出现时，本书会定义其目的并描述它在法律实践中的使用。

- 修辞手法。历史上第一批律师是修辞学家，而历史上第一批修辞学家是律师。因此以修辞学的视角学习法律不仅是理所当然的选择，也是必不可少的选择。修辞学和作文理论是本书的指南。

归根到底，这是一本关于如何更好地写作的书：关于构思出充分的论点，进行全面的检索，并且使用这些检索结果完成一篇支持各种论点、布局良好、通顺流畅的最终文件。这些虽然是与法律写作特别相关的工具，但是它们也与一般的学术写作有关。法律写作和学术写作的交融是本书的基础。法律写作强调的是：检索力度和证据的可靠性，对于组织结构的深度关注，以及受到目标驱使同时保持严谨尺度的说服性语气。

本书篇幅不长，因而内容也必定专注。在本书中检视的案例均由美国最高法院判决，其内容为宪法中的平等保护和正当程序。但是，本书可用于任何法律领域中的所有案件（Case）。事实上，本书为教授者提供了极大的灵活性。对于所有需要阅读或撰写法律话语者，例如学习政治学或历史学课程的学生，本书会是一本很好的参考书。

本书侧重于现代语言协会（MLA）和美国心理学协会（APA）的引用格式。第六章在简要讨论以上述两种引用格式撰写的法律文件的同时，也讨论了专业法律引用格式，即被称为"蓝皮书"（Bluebook）的引用格式的原则，以便为非律师人士提供有用的援引准则。本书也提供了援引的一般原则并鼓励学生们认识到许多引用格式均分享这些原则。

最后，本书侧重于支持学术法律写作的体裁，比如研究论文、学生判词摘要和基于论点的大纲。而非通常在法学院一年级教授的专业法律写作体裁，即办公室备忘录、上诉律师的法律理由书、要求函以及其他文件。

第一章论述了学术法律写作和专业法律写作的不同和类似之处。本书涵盖的是前者而非后者，原因有二：指导学生如何将法律文本融入其学术作品中的资源不多，而关于专业法律写作体裁的优秀教科书很多。

章节总览

- 第一章首先简要概述了美国法系，以及学生在写作学术论文中有关法律的内容时必须理解的关键术语。主要内容为修辞学和法律论证的原则，时间上溯至古希腊的诡辩家们。本章回顾了大多数学生会在一年级写作课中遇到的修辞学三角形，并以论述如何撰写法院判决意见书的修辞学分析结束。

- 第二章一般性地介绍了法院判决意见书和上诉程序。读者们会学习判词摘要的体裁和使用法律惯用语句来分析司法修辞。

- 第三章介绍了学术法律写作的体裁，包括如何构建法律论点，开发主题以供检索，以及撰写基于论点的大纲。

- 第四章为非律师人士，也就是那些没有机会使用价格不菲的专业法律检索数据库的人，就如何进行法律检索提供了入门指导。本章还提供了有关开放获取数据库以及大学图书馆通常订阅的数据库的附有说明的列表。

- 第五章借鉴了专业法律体裁的强大的组织结构，以指导学术作者撰写有效的研究论文。本章侧重于撰写多种有效和通畅的段落。

- 第六章介绍了学术写作援引的一般原则和法律写作援引的特殊原则。本章也论述了将法源融入学术作品中以及恰当援引它们的方式。

- 第七章提供了对于修改学术作品的具体指导。本章提供了个人修改和写作研习会修改的实用小建议,并详细讨论了法律话语写作新手易犯的错误。
- 第八章为口头演示包括在会议上演示学术研究提供了指导。本章也向读者指导了在学术期刊包括本科期刊上发表作品的具体步骤。

致　谢

我要感谢北卡罗来纳大学教堂山分校法学院的杰克·博格、露丝·麦金尼和已故的约翰·O.卡尔默，是他们教会了我如何进行法律检索和法律写作。我还要感谢北卡罗来纳州东部地区联邦地方法院的特伦斯·博伊尔法官，是他教会了我法律的运行机制。还要感谢北卡罗来纳大学格林斯伯勒分校的赫菲兹巴·罗斯基利，是她教会了我修辞学。

我要感谢以下几位在我写作本书期间提出过有益建议的评稿人：伊利诺伊大学的苏珊·博兰、加州大学圣塔芭芭拉分校的吉娜·吉诺瓦、加州大学戴维斯分校的贾里德·海因斯、北卡罗来纳大学的乔丁·杰克、匹兹堡大学的南希·柯博尔、拉玛珀学院的阿伦·R.S.洛伦茨、弗莱格勒学院的里查德·波伦，还有艾姆赫斯特学院的奥斯汀·萨拉特。

我在北卡罗来纳大学教堂山分校法律写作课上的学生们是本书非常宝贵的贡献者，因为他们的问题正是我在本书中试图回答的。北卡罗来纳大学写作项目的乔丁·杰克和简·丹尼尔维茨支持我设计和教授了法律写作课。阿帕拉契州立大学写作中心的托尼娅·哈塞尔认真阅读了本书的每一个章节。迈克尔·普瑞尔煮了咖啡并洗了尿布，以便我能够写作本书。

凯蒂·罗丝·格斯特·普瑞尔

第一章
法律写作

1.1 为什么需要法律写作？

法律写作这一词组包括几个含义：

- 它可以指由律师在执业中撰写的文件，例如客户函、办公室备忘录和上诉律师的法律理由书（Appellate Brief）。这些文件是律师的专业文件。
- 它可以指由法官起草的法院判决意见书和由立法者撰写的制定法。这些文件是法律的组成部分。
- 它可以指学术法律写作或法律学术研究著作。法律学术研究著作由律师、法官、法学院学生和法学教授撰写并在法律杂志和法律评论上发表。

在每一种法律**体裁**（Genre）的范围内撰写的文件都是被设计成用以达到一定目的的，它们都要遵循一定的惯例。这些惯例帮助律师们识别一定类型的文件，比如办公室备忘录（因为它是写给一间律师事务所的律师看的所以写作语气是客观的）或是律师辩护状（因为它是写给法官看的所以写作语气是说服性的）。

所有这些法律体裁都有两个重要特点。它们都有法律主张或意见，并且都采用主要和次要法源来支持它们的主张。甚至律师写给其客户提供建议的信件也有法律主张，比如该客户在法庭上胜诉的可能性，并就该主张提供理由。因此，**法律写作**（Legal Writing）可以被看作是提出法律主张和用可靠证据支持它们的技巧。

法学院学生在校期间会写作许多文件。所有美国法学院均要求开设一年级法律检索和写作课以教授学生许多专业法律体裁：客户函、客观性办公室备忘录、说服性上诉理由书和口头辩论，以及其他类型的文件。许多法学院还要求其学生至少修一门学术法律写作课并写出一篇研究班水平的论文。法学院研究班论文是一篇关于当前法律课题的学术研究性文章，如同在法律杂志上发表的学术论文那样。有时，法学院学生会修改其论文并在法律杂志和法律评论上发表。这种由法学教授、法官、律师和法学院学生撰写的法律作品有两个主要作用：阐述法律目前如何发挥作用，并且为今后法律的变革开出药方（沃洛克，第9页）。

本书旨在向非律师人士介绍有关法律的写作和在一般方面加强学术写作的基础知识。你将学到如何阅读和分析诸如案例、律师辩护状和制定法一类的主要法律文件。你将学到如何在你的学术写作中使用这些文件并适当地援引它们。你还将学到通过演示和在学术杂志中发表你的研究成果来与他人分享这些成果的方法。

1.1.1 法学院之外的法律

许多学科，现只举出几个，如政治学、历史、社会学和刑事司法，均包括可能要求你钻研美国法律以完成一项写作任务的课程。为什么法律是这么多学科的组成部分呢？原因有三：

- 因为法律涉及了人类关系中无论是公共的还是私人的、业务的还是个人的几乎所有方面，所以法律是一个令人神往并且范围广泛的研究领域。
- 法律在时刻变化着。所以，它时刻需要那些发表有见地的研究成果的学者们强有力的指导。当你就一个法律课题进行研究并写出一篇论文时，法律专业人士可能会发现你的成果具有实用性。
- 学习法律比接受任何其他领域的训练或是学习任何其他学科更能培养你说话、阅读、写作和辩论的能力。如果你能进行法律方面的阅读和写作，那么你就能对任何事情进行阅读和写作。

1.1.2　援引检索成果

在本科课程甚至在法学预科课程中，关于法律的写作和为专业法律杂志而进行的写作之间的一个主要区别就是法律引用的格式。专业和学术法律写作采用一种非常复杂的引用格式，即"蓝皮书"，它是法学院法律检索和写作课核心课程的一部分。但是，大多数非律师的大学生应采用他们教师推荐的引用格式。为方便起见，本书采用现代语言协会和美国心理学协会的引用格式，该格式是非律师人士在进行法律写作时最常采用的。

1.2　美国法系

要介绍法律就要介绍我们的法系。美国法系建立在早期的英国法系之上——英国法系可上溯至中世纪——并继续与当今的英国法系（含原英国殖民地例如加拿大和澳大利亚的法系）有一些共性。其最重要的相似之处为依赖**普通法**（Common Law），这意味着以前判决的案子，即**判例**（Precedent），被用来决定法律为何。

应该遵守判例的共同法律准则被称为**根据判例**（Stare Decisis）。该拉丁词语的意思是"让判决有效"。根据判例准则主张法院应该遵守"从特定辖区内的最高法院以前判决的案例中确认的法律，只要从那些案件中汲取的原则与他们的判决有逻辑上的关联，而且是合理的并适合当前情况的。"（肯品，第 14 页）基于根据判例准则，律师们使用我们法院以前的判决作为支持或**可靠证据**（Authority）以代表他们的客户进行法律辩论。在像我们这样的案例法法系中，最古老的可靠证据就是案例，它是由以前的法院判决意见书构成的，亦称为**案例法**（Case Law），因为它是由法官们判决的单个案例组成的。

美国法律也来源于法律文本、资料和程序。四种主要的**法源**（Sources of law）如下：

- 宪法（联邦宪法和州宪法）
- 制定法，由州政府和联邦政府的立法机构以及城市地方议会制定
- 行政规则和行政命令，由行政机构制定
- 法官制定的法律，由司法机构制定（登巴克，第 9 页）

宪法高于所有其他法律，美国宪法是州和联邦所有立法被衡量的标准。法院用宪法来确定一项被挑战的制定法或行政规则是否**不符合宪法**（Unconstitutional）的权力被称为**司法审查权**（Judical Review）。当法院使用司法审查权时，它把那一项立法或行政规则与联邦宪法（或州宪法）相比较。如果法院发现该法律与宪法的命令相抵触，那么法院就会废除该法律。

本书中提到的案例大多数是美国最高法院有关宪法的案例。在每一个案例中，个人或组织挑战一项法律的合宪法性，例如基于种族的学校隔离，最高法院决定了该法律是否违宪。这种在法院挑战法律的程序对于政府的运作至关重要。表 1.1 提供了联邦法院系统的概况。

表 1.1　美国联邦法院系统

法院类型	作用
美国地区法院：联邦初审法院	地区法院审理两种案件：（1）刑事案件，政府因为个人或组织（被告）违反刑法规定而提起诉讼。（2）民事案件，私人（原告）因为原告的利益被侵犯而对另一个私人或政府（被告）提起诉讼。
美国上诉法院：有时亦称为**巡回法院**（Circuit Court），包括十二个巡回区法院以及对特殊联邦事务具有管辖权的联邦巡回上诉法院	如果诉讼一方对审判的结果不满，可以在上诉法院**上诉**（Appeal）或挑战地区法院的判决。上诉案件不是一个新的审判；实际上是由一组法官审查下级法院的判决以便确定其程序或审判结果是否存在法律问题。然后上诉法院以书面形式提出其判决意见书。
美国最高法院	诉讼一方如果对上诉法院的判决有异议可以向美国最高法院上诉，但是该法院只会听取人们希望它受理的全部上诉案件的百分之一。大法官们选择听取那些他们认为含有当前最为紧迫的诉讼争点的案件。美国最高法院的判决是终局的，它们只能被未来的美国最高法院大法官们自行推翻。所有下级法院，无论是州法院还是联邦法院，必须遵守美国最高法院的裁定。

　　大多数州的法院系统结构类似。一旦一个案件在该州的最高法院审理，那么只有当该案件具有联邦诉讼的争点，换句话说，该案件受联邦**管辖权**（Jurisdiction）约束，该法院的判决才可以上诉至美国最高法院。一些法律问题只适合在州法院审理。如果州最高法院对一个诉讼的争点具有唯一的管辖权，那么该州最高法院的判决就是对该诉讼的争点的终局判决，该州的所有下级法院必须遵守这一判决。

州政府和联邦政府之间的权力平衡是纠缠的、微妙的，并通常充满了争议。有些管辖权是由州法院和联邦法院共享的，诉讼各方可以选择在州法院或联邦法院提起诉讼。有时美国最高法院会否决州最高法院的一个判决，或者根据联邦宪法宣布一项州制定法违宪，这导致了州政府和联邦政府之间的紧张关系。我们将在本章稍后部分审视的劳伦斯诉德克萨斯州案（2003年判决）就展示了这样一个州和联邦的冲突。在劳伦斯一案中，被告要求美国最高法院宣布某些州法律违宪，而美国最高法院表示同意。

在你阅读本书和学习案例时，可以参见附录中的法律术语词汇表。本节介绍了法律的结构和程序，当你读到案例时，将会看到那些程序运作的例子。研究运用当中的法律是最佳的学习方式，而研究运用当中的法律的最佳方式是进行关于法院判决意见书的阅读、研究和写作。

1.3 修辞术和法律

在特定的情况下识别和使用适当的说服术的能力，即**修辞术**（Rhetoric），不仅是律师们必备的技能，也是任何领域的学术作者应该具备的技能。修辞术主导着每个口头的、书面的以及新媒体的交流。它主张语言是公共和政治工具。当律师在法官面前辩论时，他们在使用这种能力。当法官做出裁决时，他们也在使用这种能力。作为关于法律的读者和作者，你也需要使用这种能力。本章余下部分将侧重于帮助你分析法律论点，构架你作品中的学术法律论点，并识别何时一个论点是有力的或是无力的。换句话说，要将修辞学原则运用到法律中去。

1.3.1 作为修辞学家的律师：诡辩家

历史上第一批修辞学家和第一批律师是同一群人。古代雅典的**诡辩家**（Sophists）是修辞学教师。因为法律禁止在法庭上使用雇用的辩护人，于是这些人训练公民们在法庭辩论他们的案件。公民们聘用这些修辞学教师来教他们如何评判一个修辞情境，如何使论点有力并识别出无力的论点，以及如何说服听众做出对他们有利的判决。

诡辩家向任何能够付费给他们的人教授修辞术技能，因此被希腊贵族们歧视。诡辩家通过教授较低的阶层如何辩论来给予他们力量，而这种力量是贵族们不想分享的。因为诡辩家为钱而授课——有时是大量的钱财——其中最成功的诡辩家变得非常富有，同时也得到了贪婪的恶名。

雅典诡辩家的恶名听起来像极了当今美国社会中律师的恶名。许多美国人相信律师就是雇佣军，为任何付得起他们高收费的人充当枪手。有时我们会认为律师的工作是不道德的操纵行为，他们通过辩论来利用陪审团的感情。

从诡辩家身上和他们的恶名中我们能够学习到的重要一点就是，修辞术是一种工具。正如其他工具那样，它能够行善也可以作恶。对于诡辩家的不信任，就像对于律师的不信任那样，部分是源于对修辞术力量的不信任。让我们多学习一些这种力量吧。

1.3.2 演说术的体裁

亚里士多德将修辞演说分成三种类型或三种体裁：诉讼演说、政治演说和典礼演说。这些体裁为思考演说、法律论辩或其他交流方式的目的提供了一种有用途径。

- **诉讼演说术**（Forensic Oratory），有时亦称为法律或司法演说术，试图发现过去发生的事情。
- **政治演说术**（Political Oratory），经常由立法者在辩论法律时使用，试图发现解决当前冲突的最佳途径。
- **典礼演说术**（Ceremonial Oratory）主要被用于赞扬或责备一个人。悼词是典礼演说术的一例。但是，它也通常被一些人士用于在政治集会上赞扬自己的候选人并中伤其政治对手。

律师（和大多数其他演说家及作者）一般会将这三种体裁的演说术结合起来。例如，辩护律师可以使用诉讼演说术来说服陪审团被告不可能在犯罪现场，因为被告当时正在另一个城市探望家人。该律师将出示诸如被告购买的火车票一类的证据，以及被告家人声称他当时正待在他们家里的证言。辩护律师可以使用政治演说术来呼吁陪审团的正义感，辩称他们必须判被告无罪，因为如果他们判他有罪，被告作为社区成员的权力将被侵犯。最后，辩护律师将使用典礼演说术，常常是通过品格证人，来说服陪审团被告是一位有道德的好人，所以他不可能犯罪。

当进行关于法律的写作时，你需要能够识别并评估律师、立法者和法官们的许多论点。你可以将多种主要法律文件作为学术论文的原始资料：法院判决意见书、口头辩论或审讯记录、诉讼各方撰写的律师辩护状、制定法和其他成文规则以及美国联邦或州宪法。这些文件可能会显得复杂而且充满着艰涩的语言。但是，如果你从修辞学的角度去审视它们，你会发现它们并非如此费解。这种审视叫作**修辞学分析**（Rhetorical Analysis）。

1.4 修辞学分析：修辞学三角形

进行修辞学分析的第一步是描述一个文本出现的修辞情境或上下文。一个修辞情境中会有三种要素：讲话者、听众和信息，它们常常被称为**修辞学三角形**（Rhetorical Triangle）。在该三角形中，所有三点都是平等的、有意义的和相互关联的。在修辞学术语中，即那位*讲话者*正在试图说服*听众*同意他的*信息*。

在刑事法庭中，辩护律师（讲话者）试图说服陪审团（听众）判决被告无罪。与此同时，起诉人（讲话者）试图说服陪审团判决被告有罪。辩护律师和起诉人都在提供信息或论点，旨在说服其听众。

在其他法律环境下，修辞学三角形可能不太明显，但它无论如何是存在的。在一份司法判决意见书中，撰写该意见书的大法官试图说服其听众——读者们，包括诉讼各方、法律专业人士甚至还有公民大众——法院判决意见书是正确的。一位法律学者试图说服读者们一个特定的法律学术论点是正确的。修辞学三角形对于律师、法官和法律学者们的许多工作来讲是至关重要的。

将修辞学三角形作为分析的基础，可以帮助你理解法律文件中所使用的论点。表1.2提供了一套有用的问题来帮助你在一份法律文件中应用修辞学三角形。

以下为美国最高法院2003年判决的劳伦斯诉德克萨斯州案判决意见书的摘要。（因为我们在本书中要反复提及此案，你要认真阅读它。）在劳伦斯案中，法庭是以6票支持3票反对废除了德州的鸡奸法。鸡奸法亦称兽奸法，二十世纪中期以前在美国州法中普遍存在。这些州法规定一些性行为非法，会处以罚金、坐牢，或两种处罚兼而有之。这些法律常常针对同性恋人士。到2003年为止，除了15个州外，其他各州均已撤销了该法。

表 1.2　修辞学三角形

讲话者	她是谁？她如何展示自己？她可靠吗？她有可靠证据吗？她如何确立该可靠证据，换句话说，她（直接地或间接地）提供了什么理由说服其听众听她讲话并且相信其所言？
听众	谁是该项交流预期的听众？讲话者是否以某种方式提到了这些听众的名字？会有一些预期外的听众吗？你能列出该项交流所有可能的听众吗？每一类听众发现讲话者论点中具有说服力的部分可能会是什么？
信息	该项交流的信息是什么？其目的是什么？讲话者正在试图让听众相信什么？讲话者希望听众听完该项交流后采取什么行动吗？

劳伦斯案的判决宣布了所有余下的此类法律违宪，所以这 15 个州的此项州法无效。

美国最高法院产生了对该案的三种判决意见书：

- 安东尼·肯尼迪大法官代表多数意见撰写了判决意见书，裁决鸡奸法违反了美国联邦宪法第十四修正案正当程序条款。
- 桑德拉·戴·奥康纳大法官持同意意见。她得出了和多数意见相同的结论，即鸡奸法违宪，但是其判决依据的理由是平等保护条款，而不是正当程序条款。
- 安东尼·斯卡利亚大法官代表他自己和其他两位大法官撰写了反对意见。他辩称法律不应废除这些州法。（克莱伦斯·托马斯大法官也写了一份反对意见，但他的意见没有收入本书。）

当你阅读这三种判决意见书的摘要时，要记住表 1.2 中的修辞学三角形中的问题。

最后一点：司法判决意见书发表在称为**法律判例汇编**或**判例汇编**（Reporters）的书中。司法判决意见书的出版商一般会在重印或摘录判决意见书时参考这些书籍，而且那些参考文献会被包括在正文中的方括号内。劳伦斯案判决意见书出现在《美国最高法院判例汇编》第539卷，第558页。以下案例中的方括号表示在《美国最高法院判例汇编》中开始和结束的页码。

> **劳伦斯诉德克萨斯州案（2003年判决）**
> **《美国最高法院判例汇编》第539卷第558页**
>
> [《美国最高法院判例汇编》第539卷第562页]
> **肯尼迪大法官代表美国最高法院撰写判决意见书。**
>
> 　　公民所拥有的自由保证他们的住宅或其他私人场所不受政府无根据的擅入。我们的传统是国家不应该干涉家庭生活。并且在家庭之外，生活中还有其他一些领域，国家不应该主导其方向。自由超出了空间的维度。它还意味着个人自治，包括思想自由、信仰自由、表达自由以及进行特定亲密行为的自由。而今天这个案子既涉及公民空间上的自由，也包括了那些更加超验的维度。
>
> 　　摆在本法庭面前的问题是德州有关同性别者性交非法的法律规定是否合法有效。
>
> 　　在德州的休斯敦市，哈里斯县警局在接到一起有关持枪侵入民宅的报警后，派遣警员到报警提及的私人住宅调查。警员们进入了本案原告之一约翰·格迪斯·劳伦斯[《美国最高法院判例汇编》第539卷第563页]所住的公寓里。警方进入该公寓调查的权利看起来不存在什么问题。警员们发现劳伦斯和另一个男子蒂龙·加纳正在性交。这两人随即被逮捕，拘留一夜并被控告。一位治安法官认定他们有罪。

检方认为他们的罪名是"越轨性交,即与另一位相同性别的男士肛交"……而根据德克萨斯州刑法典……规定"与同性别者进行越轨性交的人应承担犯罪责任"……

[《美国最高法院判例汇编》第539卷第564页]我们认为此案解决的关键在于原告作为成年人是否有权依据宪法第十四修正案正当程序条款自由地决定进行何种私人行为。为了回答这个问题,我们有必要重新考虑本法庭在鲍尔斯案中的判决。

在之前的一些案件中,我们对于正当程序条款所保护的自由究竟有多大做了宽泛的解读……但对该条款最中肯的初始解读则是在格里斯沃尔德诉康涅狄格州案(1965年判决)《美国最高法院判例汇编》第381卷第479页中做出的。

在格里斯沃尔德案中,法庭判决一项禁止使用药物或避孕工具,以及禁止劝说、协助、教唆他人使用避孕用品的州法律无效。法庭认为这属于隐私权的一部分,是受保护的私人权利,并且[《美国最高法院判例汇编》第539卷第565页]在婚姻关系中以及夫妻双方的受保护的卧室里显得尤其重要。

在格里斯沃尔德案中确立的个人拥有的自由进行性行为的权利并不只局限于婚姻关系中。在艾森施塔特诉贝尔德案(1972年判决)《美国最高法院判例汇编》第405卷第438页中,法庭判决一项禁止为未婚人士提供避孕用品的法律无效……

格里斯沃尔德案和艾森施塔特案的判决部分基于罗诉韦德案(1973年判决)《美国最高法院判例汇编》第410卷第113页的判决。众所周知,该案是针对德州一项禁止堕胎的法律而起诉的,但其他州的类似法律也同样受到了影响。尽管法院判决妇女的权利并不是没有限制的,不过她选择堕胎的权利的确在正当程序条款的保护下,作为她的个人自由,受到了真实的、实质性的保护……

[《美国最高法院判例汇编》第539卷第566页]这就是在法庭审

理鲍尔斯诉哈德威克案之前与之最相关的一些案例所涉及的州法律了。

鲍尔斯案与本案有一些相似之处。警方进入私人住宅这一点并不存在什么问题。一名警员看到哈德威克在他的卧室里和另一名成年男性正在性交。而这违反了佐治亚州一项禁止鸡奸的刑事法规。这两个案子的区别在于佐治亚州的法律不仅禁止同性间的鸡奸行为，也禁止异性间的鸡奸行为。而德克萨斯州的法律，如我们所看到的，仅仅针对同性别的参与者。哈德威克并没有因此被起诉，但他自己却诉请联邦法院宣布该项州法律无效。他宣称自己是一名真正的同性恋者，而这项刑事禁令侵犯了宪法赋予他的权利。当时最高法院由怀特大法官撰写的判决意见书维持了佐治亚州的这项法律……

本法庭将首先来讨论鲍尔斯案中的实质性问题："本案的关键在于联邦宪法是否给予这些同性恋者一项进行鸡奸行为的基本权利，如果有此项基本权利，那么许多州［《美国最高法院判例汇编》第539卷第567页］长期以来视该行为非法的法律将无效。"这个结论如今看来暴露了法庭在自由陷入危机时竟未能发现其真谛的失败。如果认为鲍尔斯案仅仅事关进行同性间性行为的权利，就像认为结婚仅仅是为了获得性交的权利一般，无疑是对个人自由的贬低。此案与鲍尔斯案所涉及的法律无疑只禁止某一项特定性行为。这些法律的处罚和目的都产生了长远的影响，它们在最私人的地点即居民家中触及到了最私人的行为——性行为。如此看来，这些法规的确在试图控制个人的人际关系，而人际关系，不管法律上是否明文规定，都属于个人选择的自由，绝不应该作为犯罪来加以禁止……

它还让我们认识到，成年人有权选择在自己的家中或其他私人场所进行何种行为，并不失其作为自由人的尊严。当这种行为是与另一人发生性关系时，只要求另一方能够接受这种行为即可。同性恋者有权做出这样的选择，这是宪法所赋予他们的自由……

［《美国最高法院判例汇编》第539卷第568页］首先需要指出的

是，本国的法律史上将同性性行为加以特殊区分的时间并不长。虽然从殖民地时期开始就存在禁止鸡奸行为的法律，但那是从1533年宗教改革议会第一次颁布的英国刑法典中移植过来的。这项英国法律被认为是既禁止异性间的鸡奸行为，也禁止同性间的该行为……

[《美国最高法院判例汇编》第539卷第570页]20世纪70年代，一些州开始将同性关系从刑事诉讼中单列出来，实际上只有9个州这样做了……

[《美国最高法院判例汇编》第539卷第576页]就鲍尔斯案依据的"我们享有的更广泛的文明价值"而言，应该注意的是该案的理由和裁决已在其他地方被否定。欧洲人权法庭在其达吉恩诉联合王国案中就没有遵循鲍尔斯案。[在该案中，欧洲人权法庭判决禁止合意进行的同性性行为的法律无效]。还有其他国家也已经采取与确认同性恋成人之间发生亲密合意行为之权利受保护相一致的行动。[《美国最高法院判例汇编》第539卷第577页]原告在本案中要求的权利已经在其他国家被接受为人类自由一种不可缺少的权利……

[《美国最高法院判例汇编》第539卷第578页]鲍尔斯案在其判决时是不正确的。今天它仍然是不正确的。它不应该继续成为有拘束性的判决。鲍尔斯诉哈德威克案应该而且现在已被推翻。

[劳伦斯案]实际上涉及的是两个有着充分合意的成年人进行通常被视为同性恋行为的性行为。原告对自己的私生活享有获得尊重的权利。国家不得以认定他们的私人性行为非法的方式来贬低其存在或左右其命运。正当程序条款给予原告充分的自由来决定进行何种私人行为，而不用受政府的干预……

[《美国最高法院判例汇编》第539卷第579页]驳回德州第十四区上诉法院之判决，发回该院重审，且不得做出与本意见相悖的判决。此判决为终审判决。

奥康纳大法官在判决结果中持同意意见（但对判决依据提出了不同理由）。

法庭今天推翻了鲍尔斯诉哈德威克案（1986年判决）《美国最高法院判例汇编》第478卷第186页的判决。我之前支持鲍尔斯案的判决意见，并且这次不会加入法庭推翻此案的判决。但不管怎样，法庭认定德克萨斯州禁止同性鸡奸行为的法规违宪这点我是赞同的。但并不是像法庭认为的那样，基于宪法第十四修正案的正当程序条款。相反，我是将自己的结论建立在第十四修正案的平等保护条款之上……

[《美国最高法院判例汇编》第539卷第581页] 本案涉及的鸡奸法律规定只有当某人"与同性别者进行越轨性交"时才需承担刑事责任。而不同性别者进行的鸡奸行为在德州则不是犯罪。也就是说，德州仅仅因为参与者的不同而区别对待相同的行为。而它所带来的损害则是：对于那些有着同性恋倾向的人来说，他们更有可能进行[该德州法律]所禁止的行为。

依照德州法规，因为他们的特殊行为——仅仅是这种行为——就要受到刑事处分。这使得同性恋者在法律上不再被平等对待……

[《美国最高法院判例汇编》第539卷第586页]
斯卡利亚大法官，还有[伦奎斯特]首席大法官和托马斯大法官，一起撰写了反对意见。

……我首先要讲的是本法庭愿意重新考虑仅仅17年前判决的鲍尔斯诉哈德威克案[《美国最高法院判例汇编》第539卷第587页]一事。此举是令人惊讶的。我本人不相信在涉及宪法的案件中应机械般地坚持根据判例这一原则。但是，我相信在援引该原则时应保持一致性而不是可操纵性。今天支持推翻那一案件的判决意见书不屑于区分，或者说实话，甚至不愿意提及在计划生育中心诉凯茜案中由今天三位持同意意见的大法官们共同主笔的对根据判例原则所唱的赞歌。在那一案件中，根据判例意味着保持由法律确立的堕胎权利。对于罗案广泛的批判是重申该原则的充分理由。

[《美国最高法院判例汇编》第539卷第590页]那些规定重婚、同性婚姻、成人乱伦、卖淫、手淫、通奸、私通、人兽性交和淫秽违法的州法，也只有在对鲍尔斯案基于道德选择的法律的确认中才能够同样得以维系。而今天的判决就会使这些法律中的每一部都受到质疑。本法庭并未努力将其判决的范围加以限制以便将这些内容从裁决中排除……

[《美国最高法院判例汇编》第539卷第605页]本法庭决议应考虑的事情只有三项：德州禁止鸡奸既没有侵犯一项"基本权利"（本法庭对此并无争议），也没有被与宪法认定的一项法定的州利益之间的合理关系所不支持，更没有拒绝法律的平等保护。因此，我持反对意见。

1.4.1 劳伦斯诉德克萨斯州案和修辞学三角形

我们用修辞学三角形提供的分析工具来审视劳伦斯案判决意见书。

讲话者

这篇摘要中的讲话者是肯尼迪、奥康纳和斯卡利亚大法官。但是，肯尼迪和斯卡利亚大法官也代表其他大法官（肯尼迪代表多数意见，包括其他四位大法官；斯卡利亚代表另外两位大法官发表反对意见）。在本案中，还有一位暗含的讲话者：美国最高法院，然后是美国政府，而美国最高法院为其一个分支。我们甚至可以辩称讲话者是美国人民，其政府代表他们讲话。

听众

美国最高法院判决意见书的听众人数众多，包括下列人士和机构：

- 本案的各方，劳伦斯和加纳，是他们挑战基于德州法律对他们的定罪；
- 德州政府，是它在维护其法律；
- 德州的人民，因为德州的法律被推翻；
- 其他 15 个州的人民，因为他们居住州的鸡奸法也将无效；
- 所有居住在美国的同性恋人士，他们的生活会受到直接影响；
- 所有对本国政府治理感兴趣的美国公民。

信息

一个案件的主要信息称为**裁决**（Holding），亦称**裁定**（Ruling）。它是该案件法律影响的清晰表述。裁决是法庭做出的实际法律决定。在本案中，裁决为鸡奸法违反了美国联邦宪法正当程序条款，所以是无效的。但是，该案还传达了许多其他信息。

- 多数意见裁决某些性行为应该不受政府侵扰，换句话说，性自由是一项重要的权利。"自由意味着个人自治，包括思想自由、信仰自由、表达自由以及进行特定亲密行为的自由"（第 562 页）。
- 多数意见推翻了鲍尔斯诉哈德威克案（1986 年判决），那是最高法院早期对鸡奸法的挑战。法庭宣布"鲍尔斯案在其判决时是不正确的。今天它仍然是不正确的"（第 578 页）。
- 多数意见的最后一点是该案也承载了一个信息，即同性恋人士不应作为罪犯被惩罚，还有就是暗示同性恋不是犯罪。
- 另一方面，斯卡利亚大法官对多数意见推翻鲍尔斯案的法律论证进行了攻击，提出法庭在适用根据判例原则时前后不一致（第 587 页）。他还辩称因为各州不再会"基于道德选择"（第 590 页）立法，所以劳伦斯案会产生深远的影响。

1.5 修辞学手法

一旦你识别出修辞学上下文,即在一个特定的情境中修辞学三角形的三角,你就要评估讲话者的论点是否有效。讲话者使用亚里士多德分类的**三种修辞学手法**(Rhetorical Appeals)来说服听众。表 1.3 论述了每一种修辞学手法。

表 1.3 修辞学手法

气质	基于讲话者个人品格的手法。可靠的、有权威性的气质表明听众应该相信讲话者是一位在当前的论题中有道德的、值得信任的和可靠的人士。例如,当律师们用一种自信而具有权威性的方式对陪审团讲话以赢得他们的信任时,他们使用气质。法官在撰写判决意见书时通过展示支持其裁定的有力的法律知识来创造具有权威性的气质。源于"气质"(ethos)的英语词为"有道德的"(ethical)和"道德"(ethics)。
怜悯	基于将听众置于一种特定的思想框架中的手法。讲话者使用怜悯唤起听众的情感以改变他们对案件的观点。对怜悯的使用需要讲话者了解人类情感以便调动听众的情感。例如,当公诉人试图唤起陪审团对被告的愤怒以使其得到更加严厉的处罚时,他们使用怜悯。辩护律师在证人席上使用正面品格证人时,他们也使用怜悯。源于"怜悯"(pathos)的英语词为"同情的"(sympathetic)、"同感的"(empathetic)和"可怜的"(pathetic)。
理性	基于证据的手法。讲话者采用逻辑论证、事实证据和可靠原始资料时使用理性。当律师或法官的论点是基于有力的检索,并使用正确援引的权威的法律证据时,他们使用理性。当辩护律师在审判中出示物证以证明其当事人无罪时,他们使用理性。源于"理性"(logos)的英语词为"具有逻辑的"(logical)和"算术运算"(logistics)。

现在，我们要从修辞学手法的角度来审视劳伦斯案判决意见书，并依次看一下每一种手法。

首先，因为肯尼迪是美国最高法院大法官，所以撰写多数意见的他具有强大的权威（气质）。无论我们是否认同大法官的观点，大多数美国人认为九位大法官都是非常聪明而且法律知识渊博的人士。

许多人认为肯尼迪是一位政治上保守的大法官，这一点也让他从这一案件中取得了权威。他是由共和党的罗纳德·里根总统在1988年任命为大法官的。在该法庭的其他案件中，他常常与政治上保守的大法官诸如前首席大法官伦奎斯特和斯卡利亚大法官以及托马斯大法官一起协同投票。而后三位大法官在劳伦斯案中投了反对票。还有，在劳伦斯案中持多数意见的五位大法官中，肯尼迪是政治上最保守的一位。他是撰写该意见的优秀人选，因为他投票赞成同性恋者的权利看上去不像是出于政治上的考虑。相反，倒像是出于我们称为公正的考虑。肯尼迪的话"而今天这个案子既涉及公民空间上的自由，也包括了那些更加超验的维度"（第562页）确立了他在政治上中立气质的立场。肯尼迪强调是"自由"而非党派政治促使他撰写了该意见。

在该意见的首段中，肯尼迪使用怜悯："公民所拥有的自由保证他们的住宅或其他私人场所不受政府无根据的擅入。我们的传统是国家不应该干涉家庭生活。"（第562页）在此段中，通过暗示在该案中所涉及的法律违反了一种美国人非常珍视的观念，即常常被称为"自由"之物，肯尼迪赢得了读者的感情支持。

当肯尼迪提到"家"时，他也使用怜悯，从而唤起了我们大多数人对于我们住所的保护情感。当他写道"当这种行为是与另一人发生性关系时，只要求另一方能够接受这种行为即可。同性恋者有权做出这样的选择，这是宪法所赋予他们的自由"（第567页）时，他再次使用怜悯。在此，他诉诸我们对人类在情感和身体上结合的共同经验，辩称同性恋者就像异性恋者一样享有爱恋和触摸对方的自由。

肯尼迪还使用理性。当他指出早期案件诸如格里斯沃尔德诉康涅狄格州案、艾森施塔特诉贝尔德案和罗诉韦德案时，他声称这些强大的美国最高法院案件判决意见书支持劳伦斯案中多数意见的裁决。很少有人会争论成人没有经由格里斯沃尔德案和艾森施塔特案确立的使用避孕工具的自由。通过声称劳伦斯案中的利害关系同这些早期案件中的利害关系是相同的，肯尼迪使用案例法为多数意见铸就了逻辑的基石。

在上述几段中，我们从修辞学上下文和修辞学手法的角度对判决意见书进行了分析，这是一个修辞学分析的例子。撰写修辞学分析是审视判决意见书的一个有效途径，其原因是它鼓励你仔细观察每一个论点并认真学习它所使用的语言。此种认真分析使你识别出无力的论点，比如那些没有恰当地向其听众讲话或是没有以有力证据支持的论点。

1.6 提出有效的论点：三段论法和谬误

三段论法是一个形式化的逻辑论证的基本结构。它包括三部分：

1. **大前提**：通常是一项被普遍接受的主张。
2. **小前提**：它是与讲话者特定上下文有关的论点。
3. **结论**：它将大、小前提结合起来形成讲话者的新论点。

谬误（Rhetorical Fallacy）是一个其逻辑无效或是其前提无力或不真实的论证。例如，我们考虑一下以下论证：

大前提： 狗会成为好的宠物。

小前提： 贵宾犬是狗。

结论： 贵宾犬会成为好的宠物。

在该例中，第一个陈述（大前提）根本上是不正确的。不是所有的狗都会成为好的宠物。可能有些狗会成为好的宠物。而小前提"贵宾犬是狗"当然是正确的。但是因为大前提是错误的，所以结论也是错误的。说得更准确点，大前提应为"有些狗会成为好的宠物"。这样一来，我们就解决了一个无力的大前提。

如果这是我们新的大前提，那么我们能否重新组织结论以便它能够从两个前提中按逻辑推理出来呢？如果我们说有些贵宾犬确实会成为好的宠物，但是其他贵宾犬不会，这样可以吗？如果说"有些贵宾犬会成为好的宠物"，那么两个前提能够支持该结论吗？答案是否定的。因为我们无法了解是否有任何一只贵宾犬属于可以成为好的宠物的那一组狗。它们可能都会被列入"不是好的宠物"的那一组。我们的逻辑失败了。

法律论证充满了三段论法和谬误。法律写作教授露丝·麦金尼（Ruth Mckinney）写道，三段论论证是"清晰法律思想的全部"。她建议我们这样看待法律论证中三段论的组成部分：大前提是法律情景的"规则"，小前提是"事实"，当将规则适用到事实中去时，结论就产生了（麦金尼，第35页）。

我们看一个这类论证的例子。像大多数美国最高法院判决意见书那样，劳伦斯案包括了一些有力的论点和一些无力的论点。例如，当肯尼迪罗列他所称的支持劳伦斯案判决的早期美国最高法院案件时，他提到了罗诉韦德案（1973年判决）。罗案裁决禁止堕胎的州法违宪。因为该案是确立宪法中对隐私权保护的一项重要案例，而且这一"隐私权"又是肯尼迪在劳伦斯案中所依据的法律，所以肯尼迪把该案作为根据。其三段论法可以列表如下：

大前提：罗诉韦德案是良法。
小前提：劳伦斯诉德克萨斯州案与罗诉韦德案相似。
结论：劳伦斯诉德克萨斯州案是良法。

大前提，即罗案是良法，是肯尼迪使用的"规则"。劳伦斯案和罗案的类似之处是该案的具体事实。结论，即劳伦斯案是良法，是将大前提运用到小前提中推导出来的。

该三段论法有一个问题。许多律师、法官和法律学者，甚至那些支持堕胎权利的人士都相信罗案根本就不是什么良法。有些人指出罗案缺少有力的宪法支持。其他人辩称此案是基于二十世纪七十年代的生殖科学，但该科学现已落伍。因此有些人可能认为大前提是无力的，所以结论也是无力的。

小前提可能也有诋毁者。有人可能会指出劳伦斯案和罗案根本就不相似，或者至少不是在任何相关方面都相似。这样一来就会使我们的小前提是无力的类比，从而也使我们的结论无力。

由于肯尼迪也列举了大多数法律专业人士认为是良法的其他案例，例如格里斯沃尔德诉康涅狄格州案，所以许多人同意肯尼迪基于正当程序条款而裁决的劳伦斯案受到支持是适当的。

1.6.1　隐藏的前提：三段论省略式

肯尼迪从未明确说出罗案是良法，而代之以将三段论省去大前提，指向他所列出的许多案例的总体合理性。肯尼迪这是使用了**三段论省略式**（Enthymeme），即一种在说服性公共演说和写作中常用的三段论类型。简单地说，三段论省略式是一种其中一个前提不被说出或写出的三段论，即有一个前提没有出现的三段论，通常是大前提没有出现，但是听众能够使用共享的知识自己加上。

为什么讲话者要用三段论省略式而不是一个完整的三段论呢？有时，大前提很明显不必说出。此时讲话者可以将大前提省略，让听众自己填补这些空白，这样能使他们全神贯注地听讲。如果有几个潜在的大前提，那么此举就特别有效。此举可以让听众各自找到他们个人认为最令人信服的大前提。

但是，在其他时候，讲话者明知一个大前提是不正确的、没有说服力的或是令人不愉快的而故意依靠它。讲话者省略该大前提以便隐藏一个修辞学的谬误。

1.6.2 三段论省略式的运用

以下新闻文章的作者，政治知情者理查德·A.戴维斯，曾经指导了约翰·麦凯恩在2000年美国总统选举中共和党候选人提名的竞选活动，但结果是乔治·W.布什被提名。文章叙述了一种称为导向性民意调查的惯用竞选活动策略。读一下戴维斯所说的由布什阵营针对麦凯恩发起的导向性民意调查。

- 导向性民意调查人的论点中隐藏的大前提是什么？
- 你能想出至少一个前提吗？
- 你同意他们的论点吗？同意或不同意的理由是什么？

一桩造谣中伤事件的剖析

理查德·A. 戴维斯
《波士顿环球报》，2004 年 3 月 21 日

　　因为曾指导约翰·麦凯恩参议员的总统竞选活动，我能够讲述一桩在 2000 年南卡罗来纳州总统预选期间针对麦凯恩的造谣中伤事件。我们刚从新罕布什尔州乘胜来到南卡罗来纳州，在那里从非常支持乔治·W.布什的选民中获得了惊人的领先 19 点的胜利。接下来所发生的事情足以成为总统预选中抹黑历史的里程碑……

　　对于麦凯恩一家来讲，用不了许多检索就可以找到一项看上去平淡无奇的事实：他们收养了一位名叫布丽奇特的孟加拉女孩。

　　匿名的反对者使用"导向性民意调查"指出麦凯恩出生于孟加拉的女儿是他亲生的——私生黑人孩子。在导向性民意调查中，选民会接到电话，自称是从民意调查公司打来的，询问该选民支持哪位候选人。在这种情况下，如果"调查员"确定该选民是麦凯恩的支持者，那么他会说出旨在让人对该参议员产生怀疑的话。

　　所以，该"调查员"问麦凯恩的支持者如果他们知道麦凯恩是一位黑皮肤私生女的父亲那么他们是更有可能还是不太可能投票给他。在保守的种族观念极强的南部地区，这可是一则不小的指控。我们不清楚是谁打的电话、是谁付的钱，或是这样的电话打了多少个。有效但匿名：完美的造谣中伤事件。

　　一桩造谣中伤事件的剖析，作者理查德·A. 戴维斯，《波士顿环球报》，2004 年 3 月 21 日。经理查德·戴维斯好意允许重印。

让我们从结论倒推出导向性民意调查者的三段论。

结论： 南卡罗来纳州不应投票给麦凯恩。

小前提： 约翰·麦凯恩可能是一个混血小孩的亲生父亲。

大前提： ？

看上去大前提可能是"生了一个混血小孩的人不适合做总统"或是更加简单的"生了一个混血小孩的人是坏人"。导向性民意调查者在三段论省略式中省去了这个具有种族歧视性的大前提。

这里还有一个隐藏的无力的大前提的例子。它来自于法庭。一位著名的辩护律师约翰尼·科克伦在二十世纪九十年代中期 O. J. 辛普森谋杀案件的审讯中为其代理律师。在审讯的早些时候，诉方辩称在现场发现的一只带血的皮手套属于杀害妮科尔·布朗·辛普森和罗恩·戈德曼的凶手。在科克伦的催促下，辛普森试着戴上了那只手套，显然该手套戴在他手上很紧。在科克伦对陪审团的终结辩论中，他说出了该审判中最有名的一句话："如果［手套］不合适，你们必须判他无罪。"以结论放在前面的三段论省略式来表述，科克伦的论点如下：

结论： 辛普森没有犯谋杀罪。

小前提： 该手套戴在辛普森手上不合适。

大前提： ？

没有出现的大前提好像是"凶手在谋杀时戴着这只手套"。科克伦法庭辩论的优雅之处在于他自己并没有构建那个错误的大前提。当诉方出示那只手套作为证据时，他们为科克伦代劳了。因为科克伦从未提出那个大前提，所以他用了三段论省略式。

科克伦的大前提是如何出错的？有几种可能。可能是购买手套时凶手因匆忙和激动而买了一副他戴着太小的手套。可能是凶手从一位手小的朋友那里借到的手套。可能是由于手套浸满了受害人的血液而缩小了。

但是，科克伦的论点是有力的，辛普森被判无罪。

1.7　撰写一篇正式的修辞学分析

修辞学分析是非法律人士了解和评估法律辩论最为有效的途径。事实上，虽然法律学者极少使用"修辞学"这个术语，但是使用修辞学工具对辩论进行分析是法律学术的功能之一。当学者们深入而评判性地阅读判决意见书以便衡量辩论的力量时，他们对判决意见书进行了修辞学分析。

许多领域使用修辞学分析，营销和广告专业人士很快会想到它，律师亦然。虽然这些专业人士不会写出修辞学分析，但他们在审视听众、讲话者和信息以及气质、怜悯和理性时是相似的。在学习判决意见书时，你会发现撰写修辞学分析很有用。这些分析会帮助你学习如何阅读判决意见书以及评估法官用以支持其裁定的论点。请记住在一篇修辞学分析中，你的工作不只是列出判决意见书中有说服力的因素，还要评估这些因素的强弱之处。

在正文中使用三个标题，即讲话者/气质、听众/怜悯，和信息/理性，将有助于提醒你自己修辞学的结构。在每一个标题下，你应识别修辞学情境然后讨论每一种手法的说服性价值。在第一个标题前面，你应写出一个简短的介绍性段落并列出你分析的主要论点。

以下为一些如何撰写一篇有力的判决意见书的修辞学分析的建议。

1.7.1 上下文如何？

读完你要分析的判决意见书后，你要识别出诉讼各方和法律冲突产生的历史上下文。你还应努力找出有关撰写判决意见书的法官或法官们的更多信息。你一定要了解判决意见书中提到的所有法律术语和概念。

1.7.2 讲话者是谁？

就讲话者本人和他是否采用了有效的气质写出一两个段落。（请记住有时讲话者不止一个。）只简单地提供一篇传记是不够的，你必须将讲话者的传记和修辞学部分的成败联系起来。你还应评估讲话者的修辞学技巧，即他是如何培育出可靠的气质来确立专业知识、可靠证据和威信的。

1.7.3 你是否被感动了？

当拟就听众对象时，要列出所有该信息可能指定的听众，还有那些讲话者意想不到的可能会接触到该信息的听众。

修辞学者有时将这些不同的听众称为"指定的听众"、"暗示的听众"、"预期的听众"和"没有预期的听众"。

回忆一下，在劳伦斯诉德克萨斯州案中有许多听众，案件的诉讼各方、德克萨斯州、同性恋人士以及美国的全部居民。

你也应考虑讲话者是否唤起了听众的感情或情感，以及特定的听众可能如何对其做出反应。你是否发现有些论点特别令人感动呢？为什么？是否会有其他听众也可能被这些论点感动呢？

1.7.4 论点是否有效?

要问一下你自己：在判决意见书中哪些论点有力？哪些无力？为什么？要为你的评价提供理由，并援引判决意见书中的原文来证明你的观点。

有谬误性的论点吗？每一个论点的大前提是否总是被陈述出来或是足够明显？试着以三段论的形式写出一些论点并审视结论所依据的前提的力度。

作为修辞学分析的作者，你的工作不只是提供交流的总结。你还必须提供批评性的评估以便审视该交流的效力。当你开始撰写学术性法律研究文章时，批评性分析将是非常重要的。

☐ **修辞学分析清单**

☐ 在开头时你提出包括一个中心论点的分析总结了吗？
☐ 你列出该判决意见书中所有讲话者的名字了吗？
☐ 你评价讲话者的威信和权威（气质）了吗？
☐ 你列出所有可能的听众(预期的、没有预期的、指定的, 等等)的名字了吗？
☐ 你识别出讲话者试图说服每一类听众的所有方式了吗？
☐ 你识别出讲话者试图使用情感说服的方式了吗？
☐ 你列出讲话者提出的所有论点了吗？
☐ 你评估这些论点的强弱之处了吗？
☐ 讲话者的论点中存在任何修辞学谬误吗？它们是正式的还是非正式的？

第二章
阅读案例

2.1 案例和判决意见书是什么？

为了阅读案例或判决意见书，我们需要了解这些文件到底是什么。因为这些词可以表示一系列的法律文件和事件，所以对此会出现困惑。

案件（Case）这一术语一般是指任何已经进入法律系统的双方或多方的冲突。当一方起诉另一方或当警员逮捕正在犯罪的人时，一个案件可能进入法律系统。有时案件会很快结案：诉讼经庭外和解或被告做出了认罪协商。但有时案件会经历数年才能解决。

首先，案件可能会在法官和/或陪审团面前审判。如果一方对程序或审判结果不满意，他能够将该判决上诉至**上诉法院**（Court of Appeals）。上诉法院是由审查下一级法院审判情况的高一级法院的法官组成。因此，当一方以请求高一级法院审查判决结果的方式挑战一家法院的判决时，上诉就发生了。有时，一方能够将上诉法院的裁定上诉至更高一级法院。美国最高法院（U.S. Supreme Court）为美国最高的审判机构。（有关州和联邦法院系统的更多信息，请参见第一章。）

让我们回归到劳伦斯诉德克萨斯州案（2003年判决）并研究该案是如何在各法院中递进的。（判决意见书原文在第一章中。）

- 该案是1998年发生的。当时约翰·劳伦斯和他的共同被告蒂龙·加纳因为违反德克萨斯州的鸡奸法在德克萨斯州的休斯敦被捕。他们在一个非正式的刑事审讯中被一位治安法官认定有罪。对他们的处罚是罚款 200 美元并承担法庭费用。
- 按照德克萨斯州法律规定，被告有权要求在刑事法庭正式审理。劳伦斯和加纳两人在首次被裁决有罪后行使了该权利。在正式的刑事审理中，他们挑战了对其指控的有效性，声称该法律违反了美国联邦宪法第十四修正案条款。刑事法庭法官拒绝了他们要求撤销对其指控的请求并再次判决他们有罪。
- 他们将判决上诉至一家德克萨斯州上诉法院，再次辩称该法律违宪。该上诉法院以 7 票支持 2 票反对维持了对他们的定罪。德克萨斯州最高上诉法院拒绝审理该案。
- 因为劳伦斯和加纳两人上诉到了美国最高法院，所以我们应称他们为**上诉人**（Appellant）。该法院同意于 2002 年审理该案。在 2003 年美国最高法院对劳伦斯案做出了判决，宣布德克萨斯州和其他所有州的鸡奸法违宪。

劳伦斯诉德克萨斯州案在法院递进的故事称为该案的**程序历史**（Procedural History）。当你研究案例时，你也应研究该案例的程序历史以便了解一个案件是如何产生的。

让我们回顾一下。案件由两种方式开始。有人被捕或是有人兴诉。如果有人被捕，该案会由刑事法庭审理。如果有人对另一人或机构提起诉讼，该案会由民事法庭审理。有时，案件会在审判前或审判时结束。有时，案件会上诉至高一级法院。在劳伦斯案中所述的不同审讯和审判的程序历史是该案的组成部分。因此，劳伦斯案包括两个刑事审判、一个德克萨斯州上诉法院的审理、高一级德克萨斯州上诉法院的拒绝审理，以及美国最高法院的审理。

当一家上诉法院审理了一个案件后，法官或是大法官们会发出一项**判决意见书**（Opinion），其内容为他们对法院审理案件的裁决。判决意见书为一位或多位法官撰写的文件，分析案件诉讼的争点并解释法院为何如此判决。裁决是法院做出的实际法律判决，并且通常可以用一句话来概括。但是，判决意见书可能会长达数百页。

2.2　判词摘要的基本组成部分

对你研究的每一个案例，你都应写出一个判词摘要。**判词摘要**（Case Brief）是一个上诉法院判决意见书重要部分的大纲。你将判决意见书分解成数个主要部分并分别分析它们。法学院学生使用判词摘要来准备考试。律师使用判词摘要来准备法庭上的法律辩论。法律学者使用判词摘要来研究一个案例中论点的有效性并准备就这些论点进行写作。

法律写作专家露丝·麦金尼称，判词摘要是"法学院学生、法学教授和律师用来帮助他们组织法律判决意见书中所提出的信息，以便使这些信息易于管理和调取的工具"（第19页）。实质上，判词摘要建立了一个了解判决意见书中复杂部分的框架。

判词摘要就像司法判决那样遵循着特定的格式。它有六个主要部分。当你对案例进行摘要以备检索时，要尽量以下文提供的格式书写。在今后的人生中，如果你入读法学院或是从事法律工作，你可以调整该格式以便最大化地适应你的需要。判词摘要应有以黑体字或大写字母表示的副标题以对应下面的各个部分。完整的句子既无必要又无帮助。你需要快速找到相关信息。

撰写判词摘要时你应尽量使用自己的话而不是引用判决原文。将判决意见书转化成你自己的话对学习法律是至关重要的。就像露丝·麦金尼建议的那样，以自己的话撰写判词摘要是"使用判词摘要促进你了解法律的最佳方式"（第177页）。这是因为"将你的思想写出来会迫使你将它们提升至一个自觉的水平，并识别出你的不解之处。"但是，这一规则有一例外。如果法庭使用了一个特殊的词或是法律术语，而你想记住它们，那么你应在判词摘要中引用它们。此类特殊词语的一个例子为"隔离但平等"（"separate, but equal"），出自种族隔离案件普莱西诉弗格森案（1896年判决）。

我们现在审视一下判词摘要的组成部分。

2.2.1 案件名称和案件援引

案件名称（Case Name）是法律案件的题目，由诉讼各方的名称以"诉"字分隔开构成。案件名称也是复杂的。一般一个案件有三个不同的名称：全称、缩写的全称和简称。全称是案件所有各方的完整表达，就像是它们在法庭归档时出现的那样。例如劳伦斯案的全称是上诉人约翰·格迪斯·劳伦斯和蒂龙·加纳诉德克萨斯州案。劳伦斯和加纳被称为**上诉人**（Petitioner），因为他们将案件上诉至美国最高法院。劳伦斯案中的德克萨斯州是**被上诉人**（Respondent），因为它要应诉。

法律作者极少使用案件的全称。全称对于官方档案管理来讲是重要的。但是，大多数时候法律作者使用缩写的全称。劳伦斯诉德克萨斯州案是大多数人熟悉的名称。不要想当然地为案件起一个缩写的全称，而要使用律师、学者和法庭使用的那个。当你在作品中首次提到一个案件时，你应使用缩写的全称并在圆括号内提供该判决意见书的日期。在文章中确立了案件缩写的全称后，如果愿意你可以开始使用简称。

简称是案件名称的缩写，例如劳伦斯诉德克萨斯州案就是"劳伦斯案"。简称是由普遍的应用确立的。有时第一方的名字成为简称。我们用"劳伦斯案"是因为如果称该案为"德克萨斯州案"那是不明智的，它可以指向成百上千的以德克萨斯州为一方的案例。请记住只有当你在文章中确立了该案的缩写的全称后，才能用简称。如果在文章中使用简称可能引起困惑，那么你应使用缩写的全称。（有关在文章中如何使用案件名称的更多信息，请见第六章。）

在书写案件名称时要记住两个格式上的注意事项。首先，无论使用哪一种形式的名称，要始终以斜体字表示。在格式上，对待案件名称要像对待书名那样。在大多数格式中，书面正文中的书名不是以斜体字表示就是以下划线表示。要始终提及你用的是哪一种格式规则（例如，现代语言协会、《芝加哥格式手册》或是美国心理学协会）。

第二，在提及法律案件时要避免使用"对"。案件名称始终要用"诉"。虽然"对"和"诉"都是同一个词的缩写，但只有拳击比赛才用"对"。所以，*泰森对霍利菲尔德*是一场拳击比赛；而*霍利菲尔德诉泰森案*为一想象中的案件：在他们1997年的重新比赛中，泰森咬掉了伊万德·霍利菲尔德的一部分耳朵，伊万德·霍利菲尔德因所受到的人身伤害而起诉泰森。

在判词摘要中正确写出案件名称后，你必须接着写出**案件援引**（Case Citation）。它是一系列字母和数字，告诉律师和学者们判决意见书在何处发表以及如何找到它。判决意见书发表在被称为判例汇编的书中，该书把某一法院或是一组法院的判决意见书汇集到一起。判例汇编有多种，同一判决意见书会在不止一种判例汇编中出现。美国最高法院的判决意见书发表在《美国最高法院判例汇编》（缩写为"U. S."）和其他一些书中。联邦上诉法院判决意见书发表在《联邦法院判例汇编》中，现在已经是第三辑了，缩写为"F.3d"。案件援引中的数字是判例汇编的卷数，还有该判决意见书出现的首页。字母为判例汇编名称的缩写。这些字母和数字出现的顺序很重要：[卷数][判例汇编名称缩写][首页码]。（有关援引法源的更多信息，请见第六章。）

所以，劳伦斯案的案件援引是这样的：539 U.S. 558。（即《美国最高法院判例汇编》第539卷第558页。）

如果你到一家法学图书馆存放《美国最高法院判例汇编》之处，你要从书架上拿出第539卷然后翻到第558页。该页为劳伦斯案判决意见书的首页。

提示：案件号码

案件还有一个号码，称为**案件号码**（Docket Number）。它是一个由法庭分配的用于识别一个案件的号码。劳伦斯案的案件号码是02-102，意为2002年（法庭审理该案的年份）审理的开庭期为第102期的案件。虽然一些学生写作手册建议你在撰写一个案件的参考书目时使用案件号码，但是法律专业人士和法律学者援引案例时极少使用该号码。这是因为该号码除了指主要判决意见书外也指其他法律文件，例如小的法律问题的临时判决。如果你用案件号码检索劳伦斯案，你会找出五份文件来。所以，用案件号码指示司法判决意见书是不准确的。而律师们又对准确性非常关注。（有关案件号码和援引案例的更多信息可在第六章中找到。）

那么在你的判词摘要中，你应使用案件缩写的全称、案件援引，并在圆括号内写上该案判决的年份。劳伦斯案判词摘要的案件名称和案件援引可以写成这样：

Lawrence v. Texas, 539 U.S. 558（2003）

劳伦斯诉德克萨斯州案（2003年判决）《美国最高法院判例汇编》第539卷第558页

2.2.2 诉讼的争点

诉讼的争点（Issue）是你的判词摘要中最重要的部分。如果你误解了诉讼的争点，就会误解整个案件。诉讼的争点，有时称为提出的问题，是对法庭在判决意见书中必须判决的法律问题的表述。你可以将诉讼的争点看成判决意见书的"中心论点"。因此，应将诉讼的争点置于你的判词摘要的首位。

法庭有时会用下列关键短语直接说出诉讼的争点：

- "该案提出的诉讼的争点为是否……"
- "今天我们必须裁决是否……"
- "呈现在本法庭的问题为是否……"

所有这些关键短语均含有"是否"（"whether"）一词。当你要找诉讼的争点时，应"寻找'是否'一词"。联邦最高法院在劳伦斯案中提供了两个诉讼的争点陈述。第 562 页，该案判决意见书的第二段是这样开始的："摆在本法庭面前的问题是德州有关同性别者性交非法的法律规定是否合法有效。"在提供了该案的事实后，法庭在第 564 页重述了诉讼的争点。它写道："我们认为此案解决的关键在于原告作为成年人是否有权依据宪法第十四修正案正当程序条款自由地决定进行何种私人行为。"在第一个诉讼的争点陈述中，法庭使用了关键词"问题"。在第二个诉讼的争点陈述中，法庭使用了关键词"是否"。

随着研究案例的深入，你会看到法庭对于问题的措辞常常决定着答案。换句话说，法庭如何以修辞学方式构建诉讼的争点有时会预示案件的结果。

你在日常生活中已经遇到过此类修辞学构建。例如，你的朋友有一辆法拉利车。因为你的车在上周闯红灯后的一次事故中全损了，你想周六晚上借用那辆车。你问她是否可以把车借给你。她这样问你："你不会认为在你上周把自己的车毁了以后我会把车借给你，对吧？"这个问题实际上只有一个合理的答案，不会。你朋友提问的方式告诉了你她的答案会是什么。当一个问题的措辞暗指了其答案时，我们称它为**修辞性疑问句**（Rhetorical Question）。在劳伦斯案中多数意见构建问题的方式告诉了你答案是什么。很少有美国人会不同意"成人"可以"自由""进行私密行为"。

在你的判词摘要中，准确识别案例中有争议的法律诉讼的争点是重要的。你需要使用能够清楚地识别出冲突的词语，最好是以可用"是"或"不是"回答的问题的形式写出诉讼的争点。在判词摘要中诉讼的争点问题通常以"是"（"does"）而不是"是否"（"whether"）开始。以是/不是问题构建诉讼的争点有助于澄清案例的法律问题和裁决。

如果你为美国最高法院撰写判词摘要，诉讼的争点问题的格式常常是这样的：［一项法律或制定法］违反美国宪法的［某个部分］了吗？美国最高法院常常被要求宣布一项法律或制定法的符合宪法性，即把一项州法或联邦法与美国宪法相比较，看其是否符合该宪法。如果它们不相符，那么宪法获胜——宪法会始终获胜——而那项州法或联邦法会被宣布违宪。下级联邦法院和州法院的判决意见书中诉讼的争点问题有许多不同的形式，在练习撰写判词摘要时，你将会学习撰写这些诉讼的争点问题。

在美国最高法院劳伦斯案判决意见书中，它的诉讼的争点问题是这样的：

Issue: Does the Texas crime-against-nature statute violate the due process clause of the Fourteenth Amendment to the U.S. Constitution？

诉讼的争点： 德克萨斯州鸡奸法违反宪法第十四修正案正当程序条款了吗？

2.2.3 事实

撰写判词摘要的新手常常在判词摘要中放入过多的事实。请记住这一规则：在判词摘要中，应该只包括那些相关事实。什么是相关事实呢？相关事实对一个特定案例的结果具有直接的影响。你在草拟出事实部分以后，要尽可能将它缩短。要分别评估每一个事实的相关性。问一下你自己，如果一个特定的事实改变了，法庭判决意见书是否会改变。如果答案是否定的，那么该事实与该案例的结果无关。

你也要将案例的程序历史放入事实部分中。要提供适度的程序历史以解释该案是如何开始的，又是如何落脚在提出你正在阅读的判决意见书的那家法庭中的。

在劳伦斯案中，两位男子名叫劳伦斯和加纳是无关的。他们住在休斯敦（而不是德克萨斯州的另一个地方）也无关。劳伦斯比加纳年长也无关。劳伦斯案的相关事实如下：

事实： 两位被告男子因为在其家中性交违反了德克萨斯州鸡奸法而被捕。该法律禁止相同性别的人进行"越轨性交"。被告被定罪并被罚款。他们就其被捕和定罪在德克萨斯州法院系统内进行了上诉。美国最高法院接受了他们要求上诉的请求。

2.2.4 裁决

裁决，有时亦称"裁定"，是法庭所做的实际法律决定。在一项判决意见书中，裁决前面常常有这些关键短语："我们裁决……"或"我们判决……"。为了使法律诉讼的争点和裁决尽量清楚，你应将裁决措辞为对于你在诉讼的争点中所提问题的简要回答。撰写裁决时，你应以"是"或"不是"开始，后置逗号，然后写出裁决的完整陈述。在劳伦斯案判决意见书中，其裁决可以如下：

> **裁决**：是的，德克萨斯州鸡奸法违反了宪法第十四修正案正当程序条款。

2.2.5 论证

判词摘要第二重要的部分是论证部分，仅次于诉讼的争点。事实上，如果你数一下字数，论证部分应占整个判词摘要大约一半的篇幅。如果你写完了判词摘要而其中论证部分似乎太短，那么要重读司法判决意见书以确认你已经涉及了法庭提出的支持该裁定的所有论点。

在论证部分，你要逐个查看法庭论点。你可能会看到进行这种分析时用得上**法律惯用语句**（Legal Topoi）。惯用语句是法官在判决意见书中使用的论点种类表，将在本章稍后介绍。法庭是根据判例，即法庭以前的裁定吗？法庭是根据科学数据或研究吗？法庭是诉诸道德或品德吗？

列出法庭使用的所有论点后，你要更加仔细地审视每一论点。你发现哪些论点更具有说服力？哪些不太具有说服力？为什么？写出你对这些论点的评价。

请记住仅仅说出你是同意或是不同意法庭判决不是对法庭论点的充分

分析。你必须要（1）识别出法庭使用的论点，并且（2）评价这些论点是否具有说服力。要用上你在修辞学分析中学到的分析工具。（有关修辞学分析的更多信息，请见第一章。）

第一章中摘录的劳伦斯案判决意见书中的论证部分可以如下：

论证：多数意见根据的判例包括适当程序保护隐私权利的案例。他们首先以格里斯沃尔德诉康涅狄格州案开始，然后是艾森施塔特诉贝尔德案，最后是罗诉韦德案。然后他们使用这一判例和本案的事实推翻了鲍尔斯诉哈德威克案，该案为1986年审理的维持了佐治亚州类似的鸡奸法的一个案件。因为罗案今天地位已经不稳，所以与法庭使用的其他案例相比，法庭根据罗案似乎不太具有说服力。

当法庭辩称同性恋人士像异性恋人士一样应享有私密性关系的权利时，它做了道德上的辩护。但是，如果他们论及本案中对立的道德主张，即一方面是恋爱和发生性关系的权利，另一方面是许多美国人相信的"传统"道德，这种道德辩论会更有力些。

当法庭在第568页中声称"本国的法律史上将同性性行为加以特殊区分的时间并不长"时，法庭涉及了历史论点。他们辩称禁止鸡奸法也针对异性恋夫妇，并且直到20世纪70年代才首次出现针对同性恋人士的法律。他们试图使用这一论点推翻鲍尔斯案中所称鸡奸法在美国历史上根深蒂固的论点。他们将鸡奸法和针对同性恋人士的法律分隔开来的做法是准确的，但是感觉不具有说服力。事实上，正如奴隶制和性别歧视那样，鸡奸法由来已久。他们不必推翻历史论点以宣布这些法律违宪。

当法庭在第576页中审视欧洲法庭有关鸡奸法的裁定时，它引入了国际法。欧洲所持的反对憎恶同性恋法律的强烈立场只在我们关注同等国家如何行事时才有说服力。有些大法官关注（比如肯尼迪）而有些不予关注（比如斯卡利亚）。

2.2.6 反对意见书和并行意见书

如劳伦斯案那样，许多判决意见书包括不止一种判决意见。有时，当法官们未能就案件结果达成一致时，持少数意见的法官们会撰写**反对意见书**（Dissenting Opinion），有时称为"异议"。这些判决意见书不具有法律效力，但它们在其他方面是重要的。反对意见表达了不同于多数意见的法律看法，而许多美国人可能都赞成这种看法。当法庭数年后推翻早期判例时，有时会使用反对意见。

偶尔一位大法官会同意多数意见的裁决，但是希望澄清一个法律观点。在此种情况下，大法官会撰写一份**并行意见书**（Concurring Opinion），有时称为"并存意见"。在劳伦斯案中，桑德拉·戴·奥康纳大法官就撰写了一份并行意见书。奥康纳大法官同意德克萨斯州法律违宪的多数意见，但是不同意它是如何违宪的。

在你的判词摘要中，你应提及是否存在反对意见书或并行意见书，并撰写它们的小结。要指出这些次要判决意见书的主要论点，并注意它们如何与多数意见不同。

你已经在第一章中阅读了劳伦斯案中奥康纳的并行意见和斯卡利亚的反对意见。所以你的判词摘要必须讨论这两种判决意见书。

并行意见：奥康纳同意德克萨斯州的法律违宪但是不同意它违反了正当程序条款。她辩称因为该法律特别针对同性恋人士，所以它违反了平等保护条款。她也相信鲍尔斯案不应被推翻。

反对意见：斯卡利亚辩称立法机构应被允许基于道德立法。他还辩称鲍尔斯案不应被推翻，因为推翻此案会造成法庭裁定的不一致。

2.3　法律惯用语句

法律惯用语句是法官、法律学者和律师们使用的一般论点的种类。因为法律惯用语句提供了一个组织司法判决意见书论证部分的分析结构，所以当你明白了法律惯用语句时，撰写判词摘要中的论证部分以及反对意见和并行意见书的总结就比较容易了。

"惯用语句"是古希腊修辞学者使用的一个词，大致译成"传统主题"或"老生常谈"。本章节概括了七种有助于在你的作品中分析司法判决意见书和写出法律论点的惯用语句。当然，律师和法官们实际使用的论点种类要多于七种。本书提供了最常用的几种。美国最高法院在劳伦斯案中使用的支持其裁决的几乎所有论点均可以归类到以下惯用语句中：

- 判例
- 立法
- 历史
- 国际法或比较法
- 道德
- 公共政策
- 科学

因为法律惯用语句提供了一个判词摘要中论证部分的组织方式，所以它们有助于撰写判词摘要。它们也有助于研究性文章中支持论题的论点的形成。因此，我们在以后的章节中会再次涉及惯用语句。

接下来，我们将展示每一个惯用语句，即法官、律师和法律学者是如何使用这些论点，以及你如何在阅读司法判决意见书时识别出它们。随着你对惯用语句越来越熟悉，你会开始在关于法律的写作中使用它们。你也会看到，惯用语句在概念上常常交叉。能够注意到它们如何相互关联是件好事。

2.3.1 判例

在**英美法系**（Anglo-American Legal System）中，法官做出判决和律师进行辩论时，都要首先从判例中寻求指导。一个特定案件的判例包括了在类似诉讼的争点上的所有法庭判决意见书。这就是法官制定的法律，它们来自于法官在以前相似的案件中所做出的判决。判例的指导原则是"如案件相似，其判决也应相似"。

但是，律师们常常对哪些案例与目前的案件"相似"有分歧。一个特定的案件会有许多不同的判例可供选择，而每一个判例将会产生不同的结果。每一方的律师都会辩称某些判例适用于目前案件而某些判例不适用，以便为各自的客户争取正面结果。

那么，**类推**（Analogize，或推论）意为辩称一个早期案例与目前案件类似，所以目前案件应与那个早期案例的判决相同。**区别**（Distinguish，或区分）意为指出一个早期案例与目前案件的区别，并辩称该早期案例不应影响目前案件的判决结果。这种类推和区别的过程以一个例子来说明效果最佳。

例如，房东和房客争论房子失火后房东是否必须赔偿用以重置房客财物的费用。线路失修引起了火灾，但是，无论是房东还是房客都不知道线路有危险。双方律师对法官辩论时都引用事实相似的早期案例，以期使其成为目前案件的判例。房客的律师辩称因线路失修造成的损失与早期一个因问题管道造成损失的案例相似。在该案例中，房东被判赔偿损失。为了能够证明两个案件类似，该律师将早期案例中的管道类推为目前案件中的线路。该律师的结论是，因为早期案例中房东必须赔偿，所以目前案件中的房东现在必须赔偿。

相反，房东的律师辩称问题管道的案例不适用于目前案件，因为在管道案例中房客曾警告过房东管道泄漏，但房东拒绝修理。因此，那个早期案例不同于目前案件，因为那个房东知道该问题存在，但是却选择忽视它。在辩论时，该律师将早期案例与目前案件相区分。而法官必须判决管道和线路的类似与两案的区别，即那个房东曾接到过警告，这两者之间哪一个更具有说服力。

这个例子的启示是不存在完美的判例，即没有一个早期案件会与待审的案件一模一样。代表客户类推和区分案件就是律师的工作了。

既使一个早期案例与目前案件类似，也只有某些法庭的判决意见书能够作为判例。为了使一个早期判决意见书成为目前案件的判例，该判决意见书必须是由现在审理该案的同一个法院做出的，或是由一个更有权力的法院做出的。例如，美国最高法院对美国所有的联邦和州民用法院具有管辖权。下级法院必须遵循美国最高法院的判决意见书，只有美国最高法院自身才能**推翻**（Overturn）其早期的判决意见书并宣布其不正确。它这样做有多种原因，但是极少如此行事。在劳伦斯案中，美国最高法院推翻了其早期判决的鲍尔斯诉哈德威克案。因为早期的判例支配着后来的判例，所以在**上诉程序**（Path of Appeal）中由同一个法院或一个更有权力的法院做出的判决称为**拘束性判例**（Controlling Precedent）。法院被要求遵循拘束性判例。

有时一家法院会选择采用一家同级或级别稍低的法院的裁定，原因是它发现那家法院的裁定具有说服力。那个早期判例虽然没有拘束性，但是它太重要因而不能被完全忽视。例如，北卡罗来纳州最高法院可能会遵循南卡罗来纳州最高法院的一项判例，虽然后者是一家在北卡罗来纳州没有法律效力的法院，但其做出的判决具有说服性。小结一下，法院可以选择遵循**说服性判例**（Persuasive Precedent），但是它不必如此行事。

将判例惯用语句适用到劳伦斯案中，我们看到美国最高法院根据罗诉韦德案、格里斯沃尔德诉康涅狄格州案，和其他处理隐私权利的正当程序案例，证明他们推翻鲍尔斯案并废除德克萨斯州那项法律的判决是正当的。

2.3.2 立法

我们法系中的另一个法源是**立法**（Legislation），或由任何代表性机构或立法机构制定的法律。立法包括由美国议会、州立法机构或城镇与城市地方政府制定的法律。美国联邦宪法属于立法惯用语句，而且是美国最具权威的立法。当法官和律师在辩论中使用立法时，他们常常是辩论一项法律的特定解释。他们会给出一项法律为何应以某种方式解释的许多原因。他们可能就一个解释进行辩论，因为法律的**明白法规词意**（Plain Meaning），也就是以普通方式解读法律的语言支持这一解释。他们可能辩称**立法意图**（Legislative Intent）要求如此解释，并且审视立法机构制定的多种文件试图发现其意图。

在劳伦斯案中，美国最高法院大部分时候坚持德克萨斯州该项法律的明白法规词意，而不是研究德克萨斯州立法机构的意图。实际上，在劳伦斯案中似乎没有多少有关法律含义的争议，只是有关是否违宪。由于德克萨斯州法律视同性鸡奸有罪，美国最高法院宣布该项法律违宪。

2.3.3 历史

如果判例惯用语句审视一个案例的法律历史，历史惯用语句审视的是该案的非法律历史，即我们的社会过去在类似的情况下行动的方式。历史研究帮助法院梳理出我们今天应如何行动。法院将转向历史来证明一项裁定是正当的，辩称该裁定与我们社会重视的历史惯例相吻合，所以该裁定有效。在其他时候，法院将使用历史来证明法律的改变是正当的，因为以我们现代的观点来看，某一事件或法律似乎是错误的。那么法院就会选择以其裁定来更正这一历史不公。

应注意以历史惯用语句进行的两种辩论：一种是与历史相吻合，另一种是试图更正历史上的不公。

在劳伦斯案中，持多数意见的大法官们辩称美国历史不支持对同性恋人士的歧视，而且州将对同性恋人士的歧视写入法律是从二十世纪七十年代才开始的。

2.3.4 国际法或比较法

当美国最高法院转向同等国家的法律以决定我们国家的法律应该如何时，它使用国际法或比较法惯用语句。在这些案例中，美国最高法院将我们的法律同其他国家的法律相比较。当州法院审视姊妹州如何裁决时，它们也使用比较法惯用语句。使用国际法或比较法惯用语句时暗指的是只有我们的"同等"国家或"姊妹"州才能指导我们。当然对于哪些国家和州能够算作与我们"同等"是有争议的。通常法院转向其历史和社会价值与我们相吻合的国家，例如加拿大或西欧国家。州法院通常转向邻州的法律而不是美国其他地区的法律，或是转向那些具有类似政治倾向的州。

当法院讨论美国在其他国家中的声誉时，国际法也就发挥作用了。例如，在布朗诉教育厅案中我们的国际地位就非常重要，原因是其他国家严厉批评美国的种族隔离。当时，我们冷战的对手苏联就用美国的种族隔离来辩称共产主义是比资本主义更好的政府形式。我们的国际地位因此就影响了法院在学校和其他公共场所中结束种族隔离的裁决。

在劳伦斯案的多数意见中，肯尼迪大法官建议我们的法律应向西欧同等国家看齐，那些国家已经把同性恋行为非罪化了。他列举了欧洲法院支持这个裁决的判决意见书。

2.3.5 道德

法律写作新手常常对道德惯用语句感到困惑，他们辩称法官应将其"个人道德"排除在法院判决意见书之外。但是，道德极少是"个人的"。相反，**道德**（Morals）是由公众驱动，并由一群人制定的用以管理其集体行为的规则。在许多方面，道德看起来很像法律。

所以，道德惯用语句审视由一群公众共享的道德，以便决定法律应该是什么样的。道德惯用语句常常与历史惯用语句紧密联系，因为公众道德是经历时间发展起来的，并常常根植于公众的历史当中。

在劳伦斯案里斯卡利亚大法官的反对意见中，他引用了道德惯用语句。他辩称州应被允许基于他们共享的道德制定法律，而联邦法院不应干涉这些法律。斯卡利亚实际上使用了"道德"一词，该词为你提供了他使用这一惯用语句的线索。

法院也以微妙的方式进行道德的辩论。这些辩论常常使用诸如"必须"、"应该"或是类似的词语来暗示适当的行为规范。当劳伦斯案的多数意见写出"原告对自己的私生活享有获得尊重的权利"时，他们进行了微妙的道德辩论。"享有"这个词暗示这一享有的来源不是法律（因为劳伦斯和加纳的性关系是非法的）而是该法律与之冲突的道德守则。每当写出"自由"时，他们都诉诸这一守则。所以，在劳伦斯案中，两套道德发生了冲突：个人自由和更加"传统的"或是历史上的性价值。

2.3.6 公共政策

简单地讲，**公共政策**（Public Policy）是由政府就某些冲突做出的决定和这些决定对公众造成的影响组成的。公共政策惯用语句帮助我们确定一部法律的后果和这些后果是否会有助于或是有害于社会整体。当律师辩称，因为一部法律的实施会给一大群人带来恶劣的结果，所以该法律应该改变时，他或她便使用了公共政策惯用语句。当一项司法判决意见书讨论"后果"、"结果"、"含义"或是类似概念时，它使用了公共政策惯用语句。

当斯卡利亚大法官暗示允许鸡奸将带来负面结果时，在其劳伦斯案的反对意见中他进行了公共政策辩论。斯卡利亚辩称如果鸡奸合法化，那么我们"对同类案件一视同仁"的规则将强制规定卖淫、乱伦和兽奸也必须合法化，他接着辩称允许这些行为合法化将对公共卫生和安全有害。

2.3.7 科学

基于科学或统计研究的新发现，有时会出现新法律或改写旧法律。当法院转向研究人员而不是律师收集的资料时，它们是在使用科学惯用语句。寻找诸如"研究表明"或"证据表示"的短语可以发现科学惯用语句的例子。例如，在推翻布朗诉教育厅案中的学校隔离时，美国最高法院依据了显示隔离对儿童具有有害影响的心理学研究。

2.4 撰写判词摘要

要记住判词摘要是这样一个工具：它为司法判决意见书中的重要部分制定了易于管理的大纲，并帮助你了解一份判决意见书中的复杂部分。一般来讲，判词摘要应使用以黑体字或大写字母表示的副标题以便快速找到信息。如果教师要求你们班撰写一份判词摘要，要按照以下建议和清单来写，以保证你正确遵守了格式要求：

2.4.1 案例要阅读两遍

将需要撰写判词摘要的案例阅读两遍。第一遍阅读时，你应按照判词摘要的各个部分注释正文，用下划线标注出诉讼的争点、对案件事实的叙述和裁决等。第二遍阅读时，要边读边写出你的判词摘要。

2.4.2 将诉讼的争点设计成一个"是"或"否"的问题

诉讼的争点陈述应以"过去是"（"Did"）或"是"（"Does"），而不是"是否"（"Whether"）开始。它应以问号结束。裁决应以"是"或"否"开始的陈述句回答这个问题。将诉讼的争点设计成一个问题并以你自己的语言写出来会帮助你更好地了解一个案例诉讼的争点。

2.4.3 只列出相关事实

撰写判词摘要的新手会在其判词摘要中写入过多的事实。要记住：

在判词摘要中只包括相关事实，即那些对该案例的结果具有直接影响的事实。

2.4.4 论证部分应为原文的一半

论证部分是判词摘要中最重要的部分，其长度至少应为总长度的一半。你应使用法律惯用语句来组织这一部分，讨论法院在其论证中使用的每一个惯用语句。在论证部分不必使用完整的句子，只需要含有简短的摘要陈述即可。你也应评估每一个论点的强弱，指出你能发现的修辞学谬误。

☐ **判词摘要清单**

☐ 案件名称和援引：你使用案件缩写的全称了吗？标题是否以斜体字表示了？你写出的援引恰当吗？你包括年份了吗？

☐ 诉讼的争点：你将诉讼的争点设计成一个问题了吗？诉讼的争点以一句话说出案例是关于什么了吗？该问题能够用"是"或"否"来回答吗？

☐ 事实：你选择的每一个事实都与案例的结果相关吗？你包括程序历史的摘要了吗？

☐ 裁决：你以"是"或"否"开始裁决陈述了吗？裁决回答在诉讼的争点中提出的问题了吗？

☐ 论证：你涉及法院为其裁决提出的所有论点了吗？你使用法律惯用语句来组织这些论点了吗？你评价这些论点的说服力了吗？

☐ 反对意见或并行意见书：在案例中有反对意见或并行意见书吗？你为这些判决意见书提供一个充分的摘要和分析了吗？

第三章
法律学术解析

正如我们在第一章中了解的那样，我们可以把法律写作看成由两种不同但关联的活动组成：专业法律写作和学术法律写作。这两种法律写作由它们的作品体裁来定义。专业法律写作的作品是合同、判词摘要、遗嘱和其他专业法律文件。学术法律写作的作品是诸如法律杂志文章、书评和案例注释的学术法律文件。本章重点为学术法律写作，将法律学术作为一个可以经过不同阶段进行学习的过程。但是当本章提及"法律写作"或"法律作者"时，它是指所有法律作者，包括专业和学术作者。

但是专业法律作者和学术法律作者的界限是模糊不清的，许多法律作者兼而有之。法律学者在其文章中研究法律实务，而执业律师们从法律杂志中寻求新的法律指南。实际上，法律学术在美国法律的发展中发挥着重要的作用。法律杂志文章一般审视不确定的或有争议的法律领域，并提出改进这些领域的建议。当律师和法官们在这些不确定领域进行辩论和做出决定时，他们会使用法律学术作品。律师们在其备忘录和判词摘要中引用法律学术作品，法官们在其判决和判决意见书中引用法律学术作品。法律学术以此方式在法律实务中发挥着核心作用。随着我们社会的改变，法律也必须改变。例如，诸如互联网和移动电话的一类新技术要求新的法律来管理它们。法律学术引领这些改变。

在本章中，我们要审视三种不同的组织框架：古典演说、专业法律写作和学术法律写作。本章也会指导你为法律学术选择题目和发展论点。你将学习如何使用证据支持论点，以及所用的原始资料的种类。最后，你将学习如何撰写对法律写作特别有用的大纲，该大纲将你作品中提出的论点与支持那些论点的原始资料相匹配。

开始时，我们回顾一下第一章中给出的法律写作的定义：法律写作是提出法律主张和用可靠证据支持它们的技巧。像所有法律写作那样，法律学术是由可靠证据驱动的，即使用主要和次要原始资料以及其他证据来支持法律论点。法律作者提出的所有主张均要证据支持，如案例、制定法、法律杂志文章或某些其他法律甚至是非法律原始资料。从现在起，你必须开始把论点和可靠证据想成是连在一起的一对儿。如果你提出一个主张，你就必须支持它。

要记住以下强有力法律写作的基本特征：首先，法律作者将检索、修辞学和论点融为一体。法律作者将法院判决意见书和其他主要法律文件作为法源。他们也有效使用次要原始资料并与这些原始资料进行对话。即使是对于能够引起强烈情感的论题，法律作者也是以证据而不是以情感作为旋律同他们的读者奏出和谐的音调。法律作者避免使用戏剧性的语言和夸张，而是努力以证据的分量和检索的力量打动读者。最后，法律写作的布局谋篇极为出色。因此，让我们学习一些有用的组织框架。

3.1　组织框架

古代希腊和罗马的修辞学者创立了现代的法律辩论。他们开发出一种安排或框架来进行法律辩论，而这种框架非常成功以至于讲话者最终在各种修辞学情境中都使用它。这种框架今天也还以一系列形式存在着，它包括专业法律文件的组织、在法学院教授的法律分析的范例，还有法律和其他学术领域中学术著作的结构。"框架"一词可能听上去像是指令式的，就像是一种限制创造力的严格结构。但是，你要努力把框架想成是具有修辞学目的的：使复杂的论点更易于为特定的读者了解和使用。

某些组织框架与文件的某些体裁互补。如我们在第一章中学习的那样，体裁是被设计为达到某些目标并因此共享规范的文本类型。例如，一篇研究文章是被设计为在一个特定领域，如法律领域中创造新知识的体裁。

法律杂志文章共享一些规范，诸如题目、中心论点、"蓝皮书"原始资料援引形式、段落使用、导论和结论等。

作者在一个特定体裁中如何安排论点、背景材料和证据，要根据作者使用的组织框架来确定。某些体裁偏向于某些框架，但是可选的框架是很多的。要记住：框架是工具，用来整理信息和论点，并把它们安排成最能说服读者的方式。在组织材料时，你应始终将读者记在心里。

本章介绍三种不同的框架：

- **古典框架**：由希腊和罗马修辞学者开发出来的古典演说术的框架。
- **C-RAC（结论 – 规则 – 应用 – 结论）框架**：专业法律写作辩论框架。它是为忙碌的专业法律人士开发出来的。
- **学术框架**：一种借鉴了法律学者常常使用的最佳的古典框架和C-RAC框架而开发出来的框架。该框架是我们在本书余下部分要主讲的框架。

3.1.1 古典框架

先是希腊后是罗马的古典修辞学者创立了一种我们今天仍在使用的演说术框架。罗马修辞学者西塞罗和昆体良帮助夯实了这一最初设计为进行法律辩论的框架。经过数十年和几个世纪的演变，不光是辩论法律的修辞学者，那些形形色色的修辞学者也采用了该框架。如果你需要准备口头展示，可能会发现该框架有用，因为它最初是为演说而设计的。起初，该框架有六个部分：

- 绪言
- 叙述
- 划分
- 证实
- 辩驳
- 结语

让我们用这个框架来审视美国立国时的文件之一——《独立宣言》。以下是该文的摘录。

独立宣言

托马斯·杰斐逊　1776 年

在有关人类事务的发展过程中，当一个民族必须解除它和另一个民族之间的政治联系并在世界各国之间依照自然法则和上帝的旨意取得独立和平等的地位时，出于对人类舆论的尊重，必须宣布他们不得不独立的原因。

我们认为下面这些真理是不言而喻的：造物者创造了平等的个人，并赋予他们若干不可剥夺的权利，其中包括生命权、自由权和追求幸福的权利。——为了保障这些权利，人们才在他们之间建立了政府，而政府的正当权力是经被统治者的同意而产生的。任何形式的政府只要破坏上述目的，人民就有权力变更或废除它并建立新政府；新政府赖以奠基的原则和得以组织权力的方式都要最大可能地增进民众的安全和幸福。的确，为了慎重起见，不应当由于轻微和短暂的原因而变更成立多年的政府。过去的一切经验也都说明，任何苦难，只要是尚能忍受的，人类都宁愿容忍而无意为了本身的权益废除他们久已习惯了的政府。但是，当政府一贯滥用职权，强取豪夺而且一成不变地追逐这一目标并足以证明它旨在把人民置于绝对专制统治之下时，那么人民就有权利也有义务来推翻这个政府并为他们未来的安全建立起新的保障。——这就是这些殖民地过去逆来顺受的情况，也是它们现在不得不变更以前政府制度的原因。当今大不列颠国王的历史是一再损人利己和强取豪夺的历史，所有这些暴行的直接目的就是想在这些州建立一种绝对的暴政。为了证明所言属实，现把下列事实向公正的世界宣布。

他拒绝批准对公众利益最有益、最必要的法律。

他禁止他的总督们批准迫切而至关重要的法律，要不就是把这些法律搁置起来暂不生效；而一旦这些法律被搁置起来，他就完全置之不理。

他拒绝批准便利广大地区人民的其他法律，除非那些人民情愿放弃自己在立法机关中的代表权；但这种权利对他们有着无法估量的价值，而且只有暴君才畏惧这种权利。

他把各地立法机构召集到异乎寻常的、极为不便的且远离档案保存地的地方去开会，其唯一的目的就是使他们疲于奔命而不得不顺从他的旨意。

他一再解散各殖民地的议会，只是因为它们坚定果敢地反对他侵犯人民的各项权利……

因此，我们，集合在大陆会议下的美利坚合众国的代表，以各殖民地善良人民的名义并经他们授权，向全世界最崇高的正义呼吁，说

> 明我们的严正意向，同时郑重宣布，这些联合一致的殖民地从此成为而且是名正言顺地成为自由和独立的国家；它们解除效忠英国王室的一切义务，它们和大不列颠王国之间的一切政治关系从此全部断绝，而且必须断绝；作为自由独立的国家，它们完全有权宣战、缔和、结盟、通商和采取独立国家有权采取和处理的一切行动和事宜。——为了支持这篇宣言，我们坚决信赖上帝的庇佑，谨以我们的生命、财产和神圣的名誉，共同宣誓。

绪言

古典修辞学的**绪言**（Exordium）与今天的口语和书面框架的序言相似，像是你在高中时可能写过的五个段落的文章的序言那样。绪言介绍了正在辩论的主要争点，并考虑了读者对该题目的熟悉程度。它也将读者带入聆听演讲的接受性心态，以便软化有对立情绪的读者或是激发持相同意见的读者的热情。在《独立宣言》中，首段起到的是绪言的作用。

> 在有关人类事务的发展过程中，当一个民族必须解除它和另一个民族之间的政治联系并在世界各国之间依照自然法则和上帝的旨意取得独立和平等的地位时，出于对人类舆论的尊重，必须宣布他们不得不独立的原因。

该段陈述了文件的目的：各殖民地和英国之间"解除政治联系"。由于宣布殖民地居民不是非法行动而是"依照自然法则和上帝的旨意取得独立和平等的地位"，它为讲话者的立场博得了同情。由于声明作者们具有"对人类舆论的尊重"而且列出各种不满只是出于尊重而不是有意抱怨，它显示出谦虚的口吻。

叙述

叙述（Narration，拉丁语是 narratio）展示了目前争点的背景信息，我们可以称之为背景故事。这是读者需要了解的信息，以便对争点做出知情的决定。像该框架的所有方面那样，叙述是由读者驱动的。如果你的读者熟悉该题目，你在叙述中可以提供较少的信息；如果读者不熟悉，那么你就需要提供多一些的信息。

在《独立宣言》中，第二段的大部分是叙述。它为该文论点提供了哲学基础：

> 我们认为下面这些真理是不言而喻的：造物者创造了平等的个人，并赋予他们若干不可剥夺的权利，其中包括生命权、自由权和追求幸福的权利。——为了保障这些权利，人们才在他们之间建立了政府，而政府的正当权力是经被统治者的同意而产生的……但是，当政府一贯滥用职权，强取豪夺而且一成不变地追逐这一目标并足以证明它旨在把人民置于绝对专制统治之下时，那么人民就有权利也有义务来推翻这个政府并为他们未来的安全建立起新的保障。——这就是这些殖民地过去逆来顺受的情况，也是它们现在不得不变更以前政府制度的原因。

在 1776 年，"造物者创造了平等的个人"这一想法根本就不是"不言而喻的"。那时是一个阶级严重分化、君主制和奴隶制的时代。对于当时大多数读者来讲，"生命权、自由权和追求幸福的权利"不是"不可剥夺的"。该文的众多读者——英国国王乔治三世、英法两国的公民和美国殖民者——都需要这一背景信息以便了解宣言的论点。

本节也将这一哲学与殖民地的特定历史和它们同英国的关系连在了一起。这个背景故事将读者引入到宣布独立的那一时刻。

划分

古典修辞学框架的**划分**（Partition，拉丁语是 partitio）将主要争点划分为较小的、易于管理的部分，并告诉读者每一部分被提及的次序。划分就像是一本书的目录或一个演讲的"路线图"。（有关路线图的更多内容，请见第八章。）

> 当今大不列颠国王的历史是一再损人利己和强取豪夺的历史，所有这些暴行的直接目的就是想在这些州建立一种绝对的暴政。为了证明所言属实，现把下列事实向公正的世界宣布。

在此，《宣言》的作者们提供了一个我们所谓的"中心论点"——英国在各殖民地建立的迫使它们造反的"绝对的暴政"。在此论题之后，作者们告诉我们他们将提供一份"事实"清单以支持其立场。随后提供了一份对英国国王的详细的申诉。

证实

证实（Confirmation，拉丁语是 confirmatio）是由支持主要论点的论点，及证明这些支持性论点的例子和证据组成的。它是演讲或正文的"实质"之所在，是讲话者给出论点的每一个部分并以可靠证据支持每一个部分的时刻。在《宣言》中，申诉的清单组成了该文的证实。

> 他拒绝批准对公众利益最有益、最必要的法律。

他禁止他的总督们批准迫切而至关重要的法律，要不就是把这些法律搁置起来暂不生效；而一旦这些法律被搁置起来，他就完全置之不理。

他拒绝批准便利广大地区人民的其他法律，除非那些人民情愿放弃自己在立法机关中的代表权；但这种权利对他们有着无法估量的价值，而且只有暴君才畏惧这种权利。

这仅仅是殖民地居民控诉英国国王的很长的不满清单的一个简要摘录。事实上，这个清单是如此之长，而且使用了如此重复的句子结构，读上去它具有了诗歌一般的几乎是催眠术效果的性质。作者们希望能够使用数量巨大的证据，作为说服的一部分。

辩驳

辩驳（Refutation，拉丁语是 refutatio）展示了有些读者对讲话者论点可能的反对。这些反对常常被称为**反诉**（Counterargument）。讲话者在展示了反诉后提出了反驳，我们也可以视之为"对反诉之反诉"。反诉和反驳的修辞学作用加强了整个论点的力量，因为读者了解到讲话者已经考虑到可能的弱点并且对此进行了反驳。但是《宣言》的作者们没有使用该技巧。在本章稍后部分，索杰纳·特鲁斯的演讲提供了一个辩驳策略的优秀例子。

结语

结语（Peroration，拉丁语是 peroratio）是将所有论点、支持性论点和反诉集中在一起构成的一个干净利落的结尾。它是演讲或正文的结束。在此，讲话者可以基于在证实中提供的论点提出一套行动方案来。

《宣言》做了一个宏大的结语，在其中，作者们宣布他们与英国分离，以及他们为支持该宣言而战的意向。他们诉诸"全世界最崇高的正义"和"上帝"的庇佑。

> 因此，我们，集合在大陆会议下的美利坚合众国的代表，以各殖民地善良人民的名义并经他们授权，向全世界最崇高的正义呼吁，说明我们的严正意向，同时郑重宣布，这些联合一致的殖民地从此成为而且是名正言顺地成为自由和独立的国家；它们解除效忠英国王室的一切义务，它们和大不列颠王国之间的一切政治关系从此全部断绝，而且必须断绝；作为自由独立的国家，它们完全有权宣战、缔和、结盟、通商和采取独立国家有权采取和处理的一切行动和事宜。——为了支持这篇宣言，我们坚决信赖上帝的庇佑，谨以我们的生命、财产和神圣的名誉，共同宣誓。

这个古典框架没有改变，今天依然被政治演讲作者、公共讲话者、报纸社论的作者和其他许多当代修辞学者使用。几个世纪以来，该框架也导致了新框架的产生以适应新的修辞学情境和新读者的需要。下面描述的法律框架是一个根植于古典框架的高度特殊化的框架之一。

3.1.2 结论-规则-应用-结论（C-RAC）的框架

大多数律师们能够回忆起他们刚上法学院时第一次遇到首字母缩合词C-RAC或类似的词语时的情景。C-RAC（其发音为"色来克"：see-rack）指的是法律分析的基本框架，由四部分组成：

- 结论
- 规则
- 应用
- 结论

专业法律写作要根据 C-RAC 框架以实现强有力的和可预测性的组织。

C-RAC 非常严格和公式化。它具有高度可预测性而且几乎没有为专业法律文件的创造性结构留下什么空间。受这些文件的读者的驱动，法律文件的这种可预测的性质具有重要的修辞学目的。律师、法官和其他法律专业人士都是极为忙碌的人士。他们阅读专业法律文件是为了学习法律是什么，学习如何对一个争点进行裁决，或是学习如何为客户提供咨询，而不是为了娱乐。

C-RAC 在法律问题的上下文中出现，这些法律问题要由法律作者通过检索来回答。这是一些可能要审视的法律问题的例子："如果树枝毁坏了租客的车子，房东要负责吗？""如果受害人对其年龄说谎，被告是否犯了法定强奸罪？"法律作者必须首先检索适用于每一个争点的法律，即案件的*规则*。然后法律作者将这些规则*应用*于当前案件的详细事实中。将规则应用到事实中之后，法律作者能够得出一个结论。

这可以是写作发生的次序，但不是将作品展示给读者的次序。相反，结论在最前面。一句古老的法律写作格言是这样说的："首先是你要说什么，然后说出来，最后是你刚刚说的那些话。"这句格言与 C-RAC 框架相关：结论（你要说什么），规则和分析（说出来），结论（你刚刚说过的话）。

随着你阅读 C-RAC，想一想学者或学术作者能够从法律写作的严格性中学到什么。在本节中，我们将自始至终使用刚提到的有关法定强奸罪的法律问题："如果受害人对其年龄说谎，被告是否犯了法定强奸罪？"

结论

将结论放在文件的开头是 C-RAC 框架最显著的特征。因为专业法律文件的读者很忙，所以他们希望首先说出结论来。惊险故事、曲折情节和惊人结局在专业法律写作中没有立足之处。对结论的陈述塑造了法律分析的余下部分，它给读者接下来的阅读提供了清晰的目的感。因为他们已经了解了论点如何结束，所以他们知道自己为何阅读一个特定的法律规则。

接着讲我们有关法定强奸罪的例子，法律作者可以写一个结论说明这一案件的被告即使在受害人声称已经达到了法定承诺年龄的情况下依然有罪。该罪为严格责任罪，意为在定罪时无须被告的知情。

规则

C-RAC 框架中的规则是作者应用于案件中的法律。规则极少是既定的，有时一个案件中争议的焦点首先是适用什么法律。为了发现规则，法律作者在制定法、案例法和其他法源中找出何种相关规则适用，然后在框架的这一部分展示这些规则。（有关法源的讨论，请见第一章。）

回到我们的例子上来，法律作者可以展示在犯罪发生的管辖区域内有关法定强奸罪的刑法。该法律可能规定与十八岁以下的任何男性或女性发生性行为，无论罪犯是否真正知道受害人的年龄，都是法定强奸罪。

应用

C-RAC 框架中的应用部分是法律分析的核心。规则和事实相结合以支持由法律作者得出的结论。（如果一个争点有次级论点，那么需分别分析每一个次级论点。）在此，法律作者要转向案例法以研究类似的案件过去是如何裁决的，以及法院是否以一种特定方式来解释一项法律。如果该项法律特别模糊或新颖，法律作者可以转向法律学术以阐明争点。

我们例子中的法律作者要提供手头案件的详细事实，描述被告在案发前不久是如何遇见被害人的，并且无法知道被害人的真实年龄。此外，当被告问起被害人多大年纪时，被害人撒谎说他十九岁了。最后，被告承认与被害人发生了性行为。基于这些事实，根据本管辖区域中的法律，被告犯了法定强奸罪。公诉人必须要证明的是被告与未成年人发生了性行为，无须证明被告知道被害人没有达到法定承诺年龄。

结论

在这一分析框架的最后一部分，法律作者展示了从规则和应用中得出的结论。作者常常是重申开头部分的结论，并加上一个陈述来描述读者基于此结论应该采取的一些行动。在我们的例子中，因为被告在审判中获胜的可能性很小，所以法律作者可以建议被告律师代表被告寻求认罪协商。

至此我们审视了古典演说术和法律分析的框架，现在我们看一下能够结合这些框架的优点和学术写作的规则的第三种框架。

3.1.3 学术框架

我们在本章最后要审视的框架是汲取了古典修辞学者和专业法律作者的优点的学术框架。你会看到这种框架在一个研究过程的初期很有用，此时你要发展论题、支持性论点、反诉和反驳。该框架不只是为一般的学术作品而设计，尤其还可以用于学术法律作品，因为它考虑了阅读这一体裁的两种主要读者。让我们看一下这些读者们。

首先，学术法律作品的读者是律师和法官们。律师使用学术文章帮助他们在法庭上进行法律辩论，并在他们给法官的法律理由书和给其他律师的备忘录中援引它们。当法官们撰写有关新的法律领域的裁决，以及在判决意见书中援引它们时，他们会参考学术文章。如我们所知，这些专业读者都是非常忙碌的人士。他们需要快速了解所读的文章是否符合他们的目的。

再者，学术法律作品的读者是学者们——他们从事法律研究以及其他方面的研究，诸如社会学、历史、经济学和许多其他使用法律检索的研究领域。这些人士可能比法律专业人士稍闲一些，但是仍然喜欢在文章开头就看到一个清晰的对论点和结论的陈述。

以下是对该框架组成部分的简短概述。本章余下部分将详述这些组成部分。

论题

论题是以论点的方式陈述一位作者研究的要点。（学术框架的这一部分与C-RAC框架的结论相吻合。）学术论题清晰而简明地陈述了作者的立场，该立场是基于作者研究的结论，而且作者将在整篇文章中予以证明。

一些写作新手吃惊地发现，甚至研究文章也有作者要努力使用支持性论点和证据证明的论点和论题。法律杂志文章提出各种各样的论点，例如，有关宪法应如何解释，有关如何惩罚罪犯，或是有关什么应为受保护的言论自由。

尽管有时题目类似，但是法律杂志文章的论点会比报纸社论中的论点在陈述上更加含蓄些。有关言论自由的法律杂志文章和相同题目的社论相比，其修辞学目的不同。法律杂志文章的作者知道，包括法官在内的法律专业人士希望被他们的著作指导。所以他们是以专业权威的口吻写作。而社论的作者试图吸引读者的关注并说服大众。因此，社论作者的口吻很可能会是对抗性的、情绪化的，甚至是讽刺性的。在提出你的论题时要注意口吻：法律写作（和大多数学术写作）的适当口吻是一种评论性的距离感，而不是情绪化的夸张。

支持性论点

在古典框架的划分部分，讲话者或作者把主要论点分成更多易于管理的部分。这些部分是支持性论点——支持论题的论点。学者们用支持性论点将一个较大的研究项目分而治之。支持性论点越强，你的论题也越强。你可以用法律惯用语句或是其他集思广益的方法生成支持性论点。每一个支持性论点需要使用在研究中发现的可靠证据（Authority），亦即证据（Evidence）来支持。

证据

证据是研究的结晶。它是学者们用以支持其论题和支持性论点的证据。将支持性论点想象成始终与支持它们的证据相伴。证据能够在许多地方找到——制定法、案例法、法律学术、法律之外的其他领域中的学术和研究、个人经验、观察和采访。

反诉和反驳

强有力的作者预期可能不同意其论题或支持性论点的读者的反诉，并以强有力的论点驳斥他们。学术框架的这一部分与古典框架的辩驳相吻合。通过预期可能不同意其论题的读者的论点，并提供强有力的反驳驳斥这些反诉，作者看上去已经认真考虑了所有的可能性。此举使作者的立场更有力而且更具说服力。

当你开发出自己的论题和支持性论点后，应列出所有能够想到的对你立场的反诉。有些学生相信提供论点的"另一面"将削弱他们自己的立场。但事实不是这样。通过列出每一个反诉并提供反驳，实际上为你的论题创立了更多的支持性论点。

结论

　　结论难写是众所周知的。从古典框架和 C-RAC 框架中，我们会看到有效的结论是将文章中提出的论点和证据结合起来并加强整个论题。但是，它们也发挥其他作用：它们提供建议。基于文章中展示的研究，它们提出应该采取的行动。当你写结论时，想一想如何回答"现在应该做些什么呢？"这个问题。现在读者们已经读了你的文章，那么他们应该如何行事呢？

3.2　创造和支持一个论题

　　所有论点均有一个**论题**（Thesis），即可以用一句话概括出来的主要争议点。在学术法律写作中，一个论题是由与证据相伴的较小的和支持性的论点支持的。在一篇十到二十页的文章中，论题应该简明扼要地提出来，句子结构要简单，一两句话即可，应接近文章的起始段落的结尾处。（第五章将讨论起始段落的组织。）

　　论题虽然可以形式多样，但常常会以几个常用短语作为标志："本文建议/辩称/辩论/提议……"或是"我建议/辩称/辩论/提议……"。有些论题比其他论题措辞更有力，这就应视作者的写作风格和作者希望创立的说服性口吻而定。

　　学习学术法律论题的最佳方式为阅读学术法律作品。就你感兴趣的题目检索一下法律杂志的文章。（有关使用网上数据库检索文章的指南，请见第四章。）阅读每篇文章的头几页，看一下你能否找出中心论题。在纸上写下这些文章的中心论题。比较它们：

- 在这些论题中，你发现了什么类似之处？
- 你感觉到它们总的结构了吗？
- 有些论题比其他论题措辞更有力吗？
- 是否有些听上去无力，有些听上去有力？为什么？
- 你发现哪种风格更具有说服力？

3.2.1 创造一个论题

修辞学的一句格言是"我们不辩论已有共识的话题"。换句话说，能证实的事实无须辩论，有强烈共识的话题也无须辩论。

这一陈述的推论为：如果我们尊崇的权威已经解决了争点，那么我们就无须辩论这些争点了。例如，虽然我们可能永远不会了解是谁"真正"赢得了 2000 年美国总统选举，但是此刻很少有人会辩论乔治·W. 布什当总统是非法的。一旦美国最高法院发布了布什诉戈尔案（2000 年判决）的裁决，该争议就解决了，即使选举结果从未经过完全核实。

在法律上，我们会称 2000 年美国总统选举**争议已不复存在**（Moot），即该冲突业已解决或已经以某种方式被置于法律的实际范畴之外。特别是由于布什已经不再担任总统，现在辩论布什诉戈尔案，纯粹是学术和理论上的一种练习而已，没有多少实际意义。读者很难对一项没有意义的辩论保持兴趣，所以你会冒使读者厌烦的风险。作为一般规律，学术法律写作的题目应该避免争议已不复存在和无意义的话题。

大多数学术论题都以作者感兴趣的话题开始。通过研究，作者将该话题精炼成论题。让我们用例子来学习这一过程。

在我们的例子中，作者对枪支控制感兴趣。她通过研究发现美国最高法院在哥伦比亚特区诉赫勒案（2008 年判决）中对手枪法律做出了一项重要的裁定，即宣布哥伦比亚特区禁止手枪的法律违宪。赫勒案令美国所有的枪支控制法律之合法性生疑。现在，辩论赫勒案判决正确与否违反了有关争议已不复存在的格言。但是，我们的法律作者可以审视赫勒案，以辩称美国其他所有禁止手枪的法律必须根据赫勒案的裁定精神而无效。该论点会有实际意义而且涉及了远未解决的争议。

你可以在课堂阅读和讨论中寻找法律尚未解决之处。在你感兴趣的领域中阅读美国最高法院近来的案例，看一下这些判决是否导致了新的问题或是模棱两可之处。博客是发现法律当前争执的宝库。法律博客，有时亦称"法博"（blawgs），会跟踪这些争执。例如，美国最高法院博客（http://www.scotusblog.com）追随美国最高法院的动向。有关法律博客的目录，请见 http://www.blawg.com。

3.2.2 支持一个论题

一旦你对研究中的主要论点拿定了主意，即一旦你将话题精炼成一个论题，就必须开始思考支持或证明你的论题的方法。像任何大一些的工作那样，一点点地证明论题常常会比较容易。将你的论题分解成较小的、支持性的论点，会更易于研究和写作。那么支持性的论点就像是小型论题了。

开发支持性的论点的方法之一是使用第二章中介绍的法律惯用语句。惯用语句可以帮助你进行头脑风暴。将你的论题写在一页纸的最上方。然后，将惯用语句列在论题的下方，在惯用语句之间留出几行以便记下观点。接着浏览每一个惯用语句，思考每一个惯用语句与你的论题关联的方式。要写下你能够想到的任何可能的联系。

让我们回归到那位因赫勒案而对枪支控制立法的未来感兴趣的法律作者。在"判例"下面,她将写下美国诉米勒案(1938年判决),该案是在赫勒案之前对于枪支控制的最后一个意义重大的判决。她还会列出任何主要的州法院或联邦上诉法院有关枪支控制的判决。在"立法"下面,她会注意到有许多法律似乎与赫勒案冲突,而且她需要检索它们。她也会写下美国联邦宪法第二修正案。

这些笔记现在看上去并不像论点,就像小型话题那样,它们只是开始检索之处。随着检索,你可以将它们精炼成论点,然后用证据支持那些论点。

3.3 证据

证据支持你的支持性的论点和论题。证据,亦称"可靠证据"和"原始资料",可以是学术原始资料、个人经历、科学观察、统计数字、采访和任何其他你通过检索收集到的证据。你提供的证据越多,你的支持性论点就越强。如你在本章稍后部分将看到的那样,某些证据比起其他的要更具权威性。在你选择证据时要精心。

学术法律写作(和一般大多数学术写作)的一个基本规则是,在你的文章中你永远不应提出一个支持性的论点而不用证据去支持它。由于许多作者极少阅读含有强有力的证据性支持的文件,所以他们在这个规则上会出问题。如果你习惯于阅读报纸中的意见栏目、互联网上的政治博客,或是观看由人物个性驱动的电视新闻节目,那么你就不会熟悉由证据支持的论点了。意见之流,无论是印刷出版的,还是网络的,或是电视上的,只不过是意见而已。作者或是讲话者因为具有强烈的气质而被雇用。而基于证据的论点或理性，在此类媒体中不是重点。因此，如今我们接触论点的主要方式对于一般学术写作尤其是学术法律写作来讲是败笔。

就像专业法律写作那样，学术法律写作强调证据和可靠证据。如果你扫一眼法律杂志中的一页，你会注意到正文中多达半页是由脚注组成的。那些脚注包括支持作者在正文中所提出主张的证据。对于某些读者来讲，法律杂志中的证据与作者提出的主张同等重要。（如果你感觉这些杂志文章看上去怪怪的，要记住法律杂志文章的格式是高度专业化的，由"蓝皮书"引用格式支配。）

将证据想成是由一些不同的种类组成的是有用的：主要原始资料对次要原始资料，以及学术原始资料对非学术原始资料。接下来我们将更加仔细地审视每一个种类。

3.3.1 主要原始资料对次要原始资料

一般来讲，**主要原始资料**（Primary Source）由第一手证言、官方文件、讲话、书信、日记以及任何组成你正在研究的"那个事物"的东西构成。如果你在学习法律，那么构成法律的官方法律文件，即法律本身，就是主要原始资料文件。

例如，如果你在检索一项法院判决意见书，所有与此有关的文件都是主要原始资料：法院判决意见书本身、口头辩论的记录、诉讼各方提起的律师的法律理由书、外部组织提起的法院之友理由书、审讯记录以及所有与该案有关的法律文件。这些是你研究的对象——你正在研究的"事物"。（第六章详细叙述了这些文件，并且告诉你如何以现代语言协会和美国心理学协会的引用格式适当地援引它们。）

如果你在研究的实际事物是主要原始资料，那么**次要原始资料**

（Secondary Source）就是那些有关你在研究的事物的任何事物。如果你在研究法院判决意见书，次要原始资料为任何杂志文章、书籍、百科全书词条或是有关该案的流行新闻文章。法律次要原始资料的作者通常是法律学者、法学院学生和记者。学者们转向次要原始资料以便更好地了解主要原始资料。次要原始资料也提供了关于一个题目的**学术对话**（Scholarly Conversation）的感觉：学者们就该题目已经写了什么，还有目前争论之所在。如果你不想简单重复其他学者的牙慧，学习学术对话将是你的研究中至关重要的一部分。

3.3.2 学术原始资料对非学术原始资料

次要原始资料可以再分为两类：学术原始资料和非学术原始资料。如此分类不太完美，不过这里有一些如何判断一个次要原始资料是否为学术原始资料的指南。要考虑两个因素：作者是何人和该作品在何处发表。这两个因素合起来决定（1）原始资料是否为学术原始资料和（2）原始资料的影响力、可靠性和有力性如何。

学术性作者?

例如，一位专门研究宪法的法学教授在《哈佛法律评论》上发表了一篇关于枪支控制的文章。对于研究赫勒案法院判决意见书的法律作者来讲，这一原始资料会是非常有力的法源。这位教授因为是专攻该作者研究领域的法学教授，所以具有很大影响力和可靠性。该出版物本身也非常有影响力，它是美国头号法学院的头号法律杂志。

有时学者们为诸如报纸、杂志和网络的非学术出版物撰写文章。我们这位法学教授可能会为《纽约时报》撰写关于枪支控制和宪法方面的社论。

该报纸不是学术性的，但作者撰写的是他自己领域内的内容，并且该出版物颇有声誉。因此，我们的法律作者可以使用该原始资料支持一个主张。但是重要的是要记住发表在流行媒体上的原始资料不如发表在法律杂志上的文章有力。另外，如果这位教授发表的社论有关他或她的菜园，那么因为作者不是就他或她的专业领域而写作，所以该原始资料根本就不是学术性的。

学术性出版物？

发表在学术性杂志上的文章是学术性原始资料。原始资料的力量来自于该作者受尊敬的程度。法学教授的文章比起一位法学院学生的文章更具影响力。但是那位法学院学生的文章仍是学术性的而且事实上可能很优秀。要记住：有些法学院学生最后当上了美国最高法院大法官、法学院教授和美国总统。

非学术性，或是"流行"的次要原始资料是由非学术性作者发表在非学术性杂志上的文章。一位在《华盛顿邮报》上撰写关于法院判决意见书的文章的记者不是一位学者，其原始资料是流行出版物而非学术性出版物。你在研究中可以使用非学术性原始资料，但是对于你的论点来讲它们在证据方面的力量远远不足。尽管如此，非学术原始资料仍是了解当前事件的好渠道，也是在你转向更加具有学术性的原始资料之前开始检索的好地方。

总结一下，当确定一个原始资料是否是学术性的时候，要寻找两个线索：（1）作者的身份和（2）出版物类型。在大多数情况下，一个原始资料只需满足两个标准中的一个就能被认定为是学术性的。

3.4　反诉和反驳

反诉是所有可能反对你的论题的论点。在你的作品中要预想它们并要提供回应。你回应预期中的你正文的反对者之反诉并使之平息的过程称为**反驳**（Rebuttal）。当你对反诉进行反驳时，你也在为你的论题创立支持性的论点。这种反诉/反驳的过程在例子中最能体现出来。最佳例子之一就是由原奴隶和后来的废奴主义者索杰纳·特鲁斯所做的著名演讲。

特鲁斯是于 1851 年在俄亥俄州艾克朗妇女会议上做的该演讲。在演讲中，她用平实的语言来讲解复杂的公共政策和法律论点。她使用了反诉和反驳以构建其支持性的论点。在阅读中，你要努力回答这些问题：

- 她的论题是什么？
- 她的三个支持性的论点是什么？
- 她使用了什么作为证据？

难道我不是女人吗？

索杰纳·特鲁斯

1851 年在俄亥俄州艾克朗妇女会议上的演讲

好吧，孩子们，这里这么吵闹，一定是有什么不对劲的地方。从南方的黑奴到北方的妇女没有一个不在谈论权利。再这样下去，白人男子们可要有难了。但是，我们这样喋喋不休，到底在争论什么？

那边的那位男士说女人上马车、过沟渠，都要男人去扶，处处都要求坐最好的座位。然而从未有人扶我上过马车，跨过泥潭，给我留过一个好位置！难道我不是女人吗？看看我，瞧瞧我的手臂吧！我耕过田，种过地，收过谷子，这些没有人能比我强！难道我不是女人吗？如果有活儿干，有饭吃，我就能和男人干同样的活儿，吃同样的饭，我也能忍受同样的鞭打！难道我不是女人吗？我生过十三个孩子，却眼睁睁地看着他们中的大多数被卖给别人当奴隶。当我作为妈妈为此痛不欲生的时候，除了耶稣以外，没有人听到我的哭泣！难道我不是女人吗？

于是他们谈论脑子里的这个东西。他们称这个是什么来着？[听众中有人小声说"智慧"。]对，就是它，亲爱的。但那和女权或者黑人人权有什么关系呢？如果我的杯子只能装一品脱的东西，而你的能装一夸脱，你如果不给我小你一半的杯子装满，你是不是吝啬了呢？

于是那边那个身着黑衣的年轻男子说女人不能和男子拥有同等的权利，因为基督不是女人！那么请问你的基督从何而来？你的基督从何而来？他是上帝和一个女人的结晶！男人和他有什么关系。如果上帝创造的第一个女人能够强壮到独个儿把世界搞得天翻地覆的话，那么，我们这些女人联合起来也应该能够把世界翻个个儿以便把它正过来！既然现在她们要求这样做，男人最好成全她们。谢谢你们听我讲这些话，现在老朽索杰纳没有更多的话要讲了。

特鲁斯的论题从正文中看不明显。她没有使用学术性作者常常使用的信号短语中的一种。她代之以一个观察，即像这样的句子："由于整个国家弥漫着政治喧嚣，一定是出了什么事。"这是她的论点的高潮：一定是出了什么事。许多人都不同意她的观点，这些人喜欢1851年时的政治现状。当她陈述了自己的主要主张后，她以提出白人男子们如果忽视政治喧嚣——那种由黑人和妇女争取民权引起的喧嚣——他们可要"有难了"来加以精炼。如果我们将其论题构建成学术性中心论点，它可以像是这样：

"在本篇文章中，我辩称妇女们的权利和非裔美国人的权利问题中存在着严重的政治风暴，如果白人们忽视它，他们自己就会有难了。"

她的支持性的论点和证据如何呢？特鲁斯使用了反诉来创立她的支持性的论点。中间三段中的每一段都提出了构建成反诉和反驳的支持性论点。三个反诉可以这样表述：

（1）妇女们是软弱的。
（2）妇女们是不聪明的。
（3）妇女们是不能在上帝身上反映出来的。

特鲁斯将她自己的身体和个人经历作为证据，使用气质，驳斥了第一句。妇女们不可能是软弱的，她说，因为她是坚强和能干的。她使用古典修辞学动作——"那又会如何"的策略——反驳了第二句。她没有声明妇女们是聪明的，而仅仅说聪明与论点无关："那和女权或者黑人人权有什么关系呢？"无关的论点迫使她的对手们要证明为什么他们的论点是重要的。

她对最后一个反诉的反驳使用了三段论式逻辑，即一个三段论省略式。（请见第一章回顾一下三段论和三段论省略式。）她的证据是《圣经》中的福音书，关于基督降生的故事。

大前提：？
小前提：上帝和女人创造了基督。
结论：女人们的确像上帝一样。

失踪的大前提可以是这样的："基督的创造者一定是像上帝那样的。"

我们可以把她的反诉和反驳重新构建成支持性的论点。你能从这个表格中看出特鲁斯进行了有力的修辞学选择以便在该演讲中使用反诉的框架。

（1）妇女们是坚强的而且无须远离政治（或其他任何事情）以接受保护。
（2）妇女们不比男人们欠聪明，但是即使她们是欠聪明的，也与民权的讨论无关。
（3）因为一位叫玛丽亚的女人生下了耶稣，女人们像男人们一样具有上帝的特征。

特鲁斯通过把这些论点构建为反诉，创立了一种比直接列出她的论点更为有力的口吻。

特鲁斯的证据是什么？她的第一个论点使用了个人经历作为证据以显示妇女们是坚强的。她列出了自己身体的劳动技能并指出没有一个男人在其日常生活中主动给过她帮助。在特鲁斯的第二个论点中，她没有提供任何证据，而是把那个论点驳斥为无关。你可能也注意到了，她的第二个论点似乎是三个论点中最弱的，而这可能是因为缺少证据。在她的第三个论点中，她使用《圣经》作为证据，特别是耶稣降生的故事，因为在她的听众中有许多人确实相信《圣经》是有力的证据。

在其结论中，特鲁斯遵循了古典结束语的形式，基于她在演讲中的论点向她的听众建议最佳行动方案。她的结论可以重述为："我们的社会出现了问题，妇女们很坚强，她们足以解决这些问题；另外，男人们允许妇女们这样做是符合男人们自身最佳利益的。"

3.5　撰写一个论点大纲

如你所见，特鲁斯的演讲是一个复杂的修辞学作品。如此复杂的论点需要事先策划。每一个支持性论点，无论是构建成正面的支持性论点或是负面的反诉，必须由证据支持。为了安排好一篇学术文章中的论点和证据，撰写一个论点大纲是有益的。

当法学院学生和律师撰写说服性法院文件时，他们常常使用一种特殊的大纲以准备他们的论点和研究。有时称为"点－题目大纲"，这些大纲包括律师们将要在文件中涉及的各种论点和子论点。每一个论点或子论点均写成说服性的句子。在每一个论点和子论点之下，作者都援引诸如案例法的可靠证据，并提供相关引文以支持该论点。

学术性写作的论点大纲和点－题目大纲一样发挥着组织作用，即提供以可靠证据支持的说服性论点的书面语句。这种体裁结合了你在本章中学习的各种技巧：如何撰写一个论题，如何使用法律惯用语句创立论点，以及如何使用恰当的证据支持你的论点。一旦你有了一个有足够证据支持的强有力的论点大纲，你就有了一个有组织的框架以便开始撰写一篇学术文章。

以下是一些撰写论点大纲的指南。（为了便于完成这一写作计划，你可能需要读第四章的法律检索和第六章的援引法源。）

3.5.1　第一步：支持性论点

打开一篇空白的文档。在页面的顶部写下以一个完整的句子表述的论题。

然后，开始在你的论题下面写出一列可能的支持性论点。给它们编上号码。在后续的写作中你可以使这些论点更加精炼，也可以删加一些论点。

支持性论点应写成提出主张的完整句子。写下你能想到的任何论点，现在先不要编辑。你的目标是写出比你最后写入文章中要多的论点，以便能够选择其中最有力的那些论点。

你可能注意到你的支持性论点本身可能有它们自己的支持性论点。这是好事！将它们列为 1-A，1-B，并以此类推。

3.5.2 第二步：证据

接着，在每一个标题和子标题下面列出你要使用的可能的证据，并解释这些证据如何支持论点。首先，写出每一个原始资料的完整的参考书目条目。（以后你可以将这些剪切和粘贴到你的参考资料中。）

列出原始资料以后，详细叙述该原始资料为你的主张提供了什么证据。要尽量详尽。你可能会发现自己需要进行更多的研究。

3.5.3 第三步：整理和过渡

最后，通读你的大纲并重新安排支持性论点以便它们可以在逻辑上顺畅。要确保在你移动它们时将证据与论点一同移动。然后，在每一个支持性论点之间写下有关过渡的想法，以便帮助你随后撰写过渡句。

> ☐ **论点大纲清单**
>
> ☐ 我为每一个论点提供证据了吗？
> ☐ 我详细解释一个特定的原始资料是如何支持论点的了吗？
> ☐ 我把每一个论点都构建成一个完整的说服性句子了吗？
> ☐ 我为每一个提到的原始资料提供一个正确且完整的参考书目条目了吗？

第四章

非律师人士的法律检索

正如第三章解释的那样，证据或可靠证据在专业和学术法律写作中发挥着重要的作用。本章解释如何有效地收集这些证据。值得庆幸的是许多主要和次要的法源在互联网上都有。一些数据库可被公开获取，即免费使用。如果大学图书馆订购了一些数据库，那么它们的学生就可以免费使用。有些最流行和最有效的数据库非常贵，只供订购它们的律师和有免费使用资格的法学院学生使用。本章讨论头两种法源：开放法源和大学订购法源。它们按照有用性排列。事实上，只用头两种法源——LexisNexis Academic 律商网学术大全数据库和 HeinOnline 法学期刊全文数据库——你就能写出一篇有力的研究文章。

本章以讨论法律检索的一些通则和如何将你的检索融入你的写作过程中开始。然后提供一份详细的数据库列表并介绍如何有效地使用它们。在本书撰写之时，这些数据库是最佳的可获取资料中的一部分。但是网上数据库会与时俱进。如果本书的指导似乎已过时，请向负责检索的图书馆员求助。

4.1 法律检索的原则

当你进行学术法律检索时，你将发现何种文件呢？主要法源包括法院判决意见书、审讯、口头辩论记录、诉讼各方和法院之友撰写的法律理由书、命令、制定法、行政命令和行政规则。次要法源包括在法律杂志（亦称法律评论）中发表的文章、在非法律学术杂志中发表的文章以及关于法律话题的流行文章，例如有关审判和其他法律事件的新闻。由于可供检索的文件形式如此之多，找到与你的题目有关的可靠资料可能是个挑战。（有关主要和次要原始资料的讨论，请见第三章。）

4.1.1 援引足迹

　　了解法律如何运作是了解法律检索数据库是如何组织的关键。本书头几章强调了我们法系的一些关键概念：普通法、根据判例和可靠证据。这些概念告诉我们以前的法律判决构成了今天的法律，所以历史对于法律是非常关键的。它们告诉我们早期的判决指导甚至拘束着目前的判决，而且以前的判决为律师辩论和法官判决当前案件提供了可靠证据。简单地说，过去拘束着当前，能够准确描述过去会使当前的辩论更加有力。

　　后来的案件援引以前的案例，有些是赞成的，有些是否定的。正如你会看到的那样，有些数据库跟踪哪些后来的案件提及哪些以前的案例、提及次数还有这些提及是正面的还是负面的。例如劳伦斯案的多数意见援引了罗诉韦德案、格里斯沃尔德诉康涅狄格州案和艾森施塔特诉贝尔德案以支持其裁定。他们推翻了鲍尔斯诉哈德威克案，使该案中确立的法律无效。

　　援引以前的可靠证据以使目前的论点更有力，不仅适用于专业法律写作也适用于学术法律写作。法律杂志文章会被新的法律杂志文章援引，而最重要的法律杂志文章被引用也最多。因此，后面将叙述的 HeinOnline 法学期刊全文数据库跟踪一篇文章何时被后来的文章援引。它也提供所有这些援引文章的超链接。

　　在开始检索时，你可以使用一个旧案例或一篇法律杂志文章，循着援引足迹直到当前。援引足迹就像是一个法律概念的家谱：这个概念产生于一个旧案例或是一篇文章，然后在以后的案例和文章中被使用，随后出现在更多的案例和文章中。你也可以从一篇近来的文章和案例入手，一直溯源到一个特定的概念的产生。进行法律检索的大部分工作就是遵循援引足迹。

4.1.2 精确

法律写作的标志之一就是精确。例如，一份合同中的每一个字都是深思熟虑的结果。撰写制定法的律师们甚至对最小的标点符号都要争来吵去。法律和法律写作的门外汉常常将精确误认为吹毛求疵和大惊小怪，或是认为律师们想方设法骗客户的钱。这是误会。法律作者了解精确的重要性，其原因为即使是最不起眼的用词错误都会给客户造成可怕的后果。

精确的代价

一家加拿大有线电视供应商罗杰斯公司在其2006年与一家电话公司的合同纠纷中只是因为一个逗号就损失了一百万美元。罗杰斯公司赔在了这句话上：

> 本协议自签订之日起生效并从签订之日起有效期为五年，并且从此以后每五年期连续有效，除非由任何一方以书面形式提前一年提出终止协议而失效。
>
> This agreement shall be effective from the date it is made and shall continue in force for a period of five (5) years from the date it is made, and thereafter for successive five (5) year terms, unless and until terminated by one year prior notice in writing by either party.

> 罗杰斯公司相信头一个五年的交易是铁定的了，但是电话公司却辩称他们可以在任何时候撤销协议，甚至就在头一个五年内，但要提前一年通知才行。法院同意了电话公司的观点。
>
> 问题出在第二个逗号上，就在"除非"（"unless"）前面，第二个逗号使"并且从此以后每五年期连续有效"〔"and thereafter for successive five（5）year terms"〕成为断句之处：
>
> > 本协议自签订之日起生效并从签订之日起有效期为五年除非由任何一方以书面形式在一年前提出终止协议而失效。
> >
> > The agreement shall be effective from the date it is made and shall continue in force for a period of five（5）years from the date it is made unless and until terminated by one year prior notice in writing by either party.
>
> 如果没有这个逗号，因为撤销条款只会在头一个五年结束后才生效，所以罗杰斯公司会赢得诉讼。它只会适用于"并且从此以后每五年期连续有效"这一段，而不是头一个五年。

在法律写作中，引语和援引的精确与写作过程中的所有其他方面的精确同样重要。这种对精确的渴求从"蓝皮书"的复杂程度中可以表现出来，该书有几百页关于如何适当援引可靠证据的细节。

为了保证援引的精确，大多数在线法源都有标准化的页码标记。标准化的页码标记让作者无论使用何种媒体，例如印刷品、PDF 或是 HTML，都可以援引准确的页码。如果一个数据库提供了一个文件全文的 PDF 图像，其页码与其硬拷贝文件的页码相同。以 HTML 形式发表的文件，数字法律数据库在方括号中为其提供了页码。每一个数据库提供的方括号编码稍有不同，但几乎都提供它。如果你想看一下方括号编码的例子，第一章中的劳伦斯诉德克萨斯州案的摘要就使用了它。

当你在写作中使用法源时，要反复查证所有细节：案例或制定法的年份、诉讼各方名称和你引用材料的页码。精确是法律写作的规范，无论是撰写合同或学术文章，它都适用。

4.2　网上法律检索工具

以下内容列出了你能用来进行法律检索的主要的网上数据库。这些资源可通过你们图书馆的网站使用，或可供公众直接使用。不是所有大学的图书馆都订购同样的数据库。你的大学订购的数据库可能会多于或少于我们在这里所讨论的数据库。

使用本节的最佳方法是把它作为网上法律检索的指南。如果你是一名学生，你使用的计算机应该能连接互联网并能访问你的大学图书馆的数据库。通读每一个数据库的使用说明。要做建议的检索练习以加强你对数据库的熟悉。如果你现在熟悉了这些数据库，当你要在很短时间内完成写作作业时，就会对自己的熟练程度感到庆幸了。

4.2.1　LexisNexis Academic 律商网学术大全数据库

LexisNexis Academic 律商网学术大全数据库（LNA）是大多数学院和大学订购的一种流行的数据库。除了这种普通的学院数据库外，LexisNexis 也向律师和其他法律专业人士提供具有全套服务的法律检索数据库，其订购费很贵。LNA 为这种专业法律数据库提供了一个简化版，但连该简化版也包括了大多数有意使用法源的学者可能需要的重要法源。

登录 LNA 后，你会在检索窗口顶部看到一系列选项。选择标有

"Legal"（"法律"）的选项。[其他选项特别是"General"（"通用"）和"News"（"新闻"）选项是关于法律话题流行文章的优秀数据库。这些选项列出了世界各地的杂志和报纸。]你现在位于 LNA 中的 LexisNexis 法律数据库中了。

LexisNexis 法律数据库包括大多数美国法院判决意见书和许多美国法律杂志。左手边的工具条提供了数据库的菜单。你可以检索法律评论、联邦和州案例、联邦和州规则（亦称制定法）和其他国家的法律。让我们审视一下检索案例和法律杂志文章的方法。

检索案例

你可以在 LexisNexis 法律数据库中找到许多美国法院判决意见书，包括所有美国最高法院的判决意见书。检索一个法院判决意见书时，找到左手边的工具条菜单，选择"Federal and State Cases"（"联邦和州案例"）。你可以用三种方式检索案例。

首先，你可以用关键词在大检索窗中检索。选择"Natural Language"（"自然语言"）检索，这种方法就像用谷歌或其他流行搜索引擎那样。[如果你想学习如何在 Lexis 中使用"terms and connectors"（"术语和连接词"）检索，要请负责检索的图书馆员帮忙。]

第二，你可以用诉讼各方的名称检索一个特定的案例。在"Case Name"（"案件名称"）检索窗的"v"（"诉"）两边有两个空白处。在空白窗中键入各方的名称。要注意有可能不止一个同名案例，所以你要证实你找到的那个案例是正确的。最容易的证实方法是通过看判决意见书裁决的日期。

试一下：在检索窗中"v"的两边分别键入"Lawrence"（"劳伦斯"）和"Texas"（"德克萨斯州"）。该检索找到的案例有多少个？你能找到宣布鸡奸法律违宪的 2003 年的判决意见书吗？

第三，你可以用援引号码检索。格式应为［卷号］［判例汇编缩写］［开始页码］。第二章提供了如何理解援引号码的指南。这是在 LexisNexis 法律数据库中找到一个特定案例的最准确的方法。

试一下：在援引检索窗口中，键入准确的援引：539 U.S. 558。LexisNexis 法律数据库将直接把你带到劳伦斯诉德克萨斯州案的开始部分。

检索法律理由书和法院文件

当你找出一份法院判决意见书后，看一下屏幕左上角。你应该能看到写有 "View Available Briefs and Other Documents Related to this Case"（"查看现有的有关此案的法律理由书和其他法院文件"）的超级链接。有些文件能在 LexisNexis 法律数据库中找到，但有些找不到。（大多数美国最高法院审判记录和判决意见书可以通过后文叙述的数据库 Oyez 找到。）

检索法律杂志和评论

LexisNexis 法律数据库也提供所有最著名的法律杂志的检索。这不是包括所有法律杂志的完整数据库，它只包括那些最有名的。尽管如此，该数据库仍是一个好的开端。（有关包括所有法律杂志的全面的数据库，请见后面叙述的 HeinOnline 法学期刊全文数据库。）

检索法律杂志文章时，从左手边的工具条菜单中选择 "Law Reviews"（"法律杂志"）。你将看到检索数据库的许多不同的选项，包括文章题目、作者姓名和关键字检索。你也可以用日期限制你的检索以保证你找到的是最新的法律学术作品。

查阅谢泼德氏援用索引

LexisNexis 法律数据库中最强大的检索工具之一是被称为谢泼德氏援用索引的交叉参考服务。事实上此项检索工具如此强大以至于律师们通常将该词用作动词，即查阅谢泼德氏援用索引。当你对一个案例查阅谢泼德氏援用索引时，Lexis 将告诉你所有援引或根据该案的案件以及该案是否被推翻或已作狭义解释。该服务也将告诉你哪些法律评论文章已讨论了该案，并提供这些文章的援引和超级链接。

查阅谢泼德氏援用索引时，点击左手边工具条菜单中的"Shepard's Citations"（"查阅谢泼德氏援用索引"）。将案件援引键入窗中。谢泼德氏援用索引页的开始处是一个在灰色框中的摘要，列出了援引该案的案例和法律评论的数量。然后你可以下拉并点击所有这些其他法源的链接。

试一下：熟悉谢泼德氏援用索引结果页会需要些时间，所以你应该用劳伦斯案练习一下。选择左手边工具条中的"Shepard's Citations"链接。键入该案的援引，查阅该案的谢泼德氏援用索引并检查结果。你能找到"Prior History"（"以前的历史"）吗？你能找到"Citing Decisions"（"援引裁决"）吗？有多少法律评论援引了该案？你能弄懂"Positive Analysis"（"正面分析"）的意思吗？劳伦斯案已经被其他案例"区别了"是什么意思？（有关区别，请见第二章中对判例的讨论。）

4.2.2 HeinOnline 法学期刊全文数据库

HeinOnline 法学期刊全文数据库是有些大学订购的另一种数据库。如果你的大学有法学院，你就会有机会使用该数据库。（如果你的大学没有订购该数据库，你应使用 LexisNexis Academic 律商网学术大全数据库中的法律杂志数据库。请见稍后讨论的美国律师协会网上法律评论数据库，该数据库可以作为选项供公众有限使用。）

　　HeinOnline 法学期刊全文数据库包括全世界大多数以英文出版的法律杂志和法律评论的全文的 PDF 文件。一份全文的网上文件提供了该文件真实印刷本的影像。换句话说，HeinOnline 法学期刊全文数据库中的一篇法律杂志文章的全文打印件，与从你的法学院图书馆获得的原书上文章的影印件没有本质的区别。（当我们在第六章讨论法源援引时，这会是重要的一点。）在你通过学校账户进入 HeinOnline 法学期刊全文数据库后，从"Subscribed Libraries"（"订阅的图书馆"）下面的左手列选择"Law Journal Library"（"法律杂志图书馆"）。然后从屏幕的左上角选择"Search"（"检索"）选项。在此你可以通过在窗口键入检索项进行检索。但是，本书建议在检索窗口下面点击"Advanced Search"（"高级检索"）链接，使用该检索选项。在此你可以使用**布尔运算符**（Boolean Operators，即 AND、OR、NOT，它们必须全部大写）的关键字检索，并使用日期限制你的检索以确保检索到的是有关你的题目最新的学术著作。

　　当你键入你的检索项，一篇结果页就会出现。检索结果最有用的方面之一是"Cited by"（"被援引"）条目。对于检索到的每一篇文章，HeinOnline 法学期刊全文数据库都会告诉你有多少其他文章援引了该文章。这样一来该数据库提供了该文章的援引足迹。大量的被援引告诉你一篇文章很可能广受欢迎或是它使许多人生气。你也可以点击"Cited by"链接看一下这些文章的列表。

4.2.3　美国律师协会网上法律评论数据库

　　该数据库位于 http://www.abanet.org/tech/ltrc/lawreviewsearch.html，它提供了所有在互联网上可供公众获取全文的法律杂志。

4.2.4 谷歌学术高级检索

谷歌最近在谷歌学术高级检索页面中加入了法律检索引擎。使用该引擎时，要访问基本的谷歌学术检索页 http://scholar.google.com。在检索窗口右面是一个"Advanced Scholar Search"（"高级学术检索"）的高级链接。点击该链接。

下拉至页面底部时，你将看到一个标题是"Legal opinions and journals"（"法律判决意见书和杂志"）。在此你可以将检索限制到某些州法、联邦法和法律杂志。

谷歌现在提供许多法院判决意见书的全文并带页码，而且计划提供全部法院判决意见书。所以谷歌对于法律学者来讲是一个优秀的、开放获取的资源。

4.2.5 查找美国最高法院判决的 Oyez 网和查找美国制定法和案例法的 Justia 网

Oyez（其发音是"欧叶"）是一个位于 http://www.oyez.org 的公共获取的网站。Oyez 网只提供美国最高法院判决意见书的目录。如果你要检索另外一个法院的判决意见书，可以使用 LexisNexis 法律数据库或找法网（稍后将叙述）。

Oyez 网有一个网页包括了美国最高法院历史上每一个案例的信息。该网站介绍是哪些大法官判的案子并提供案件摘要。每一个判决意见书的正文均有链接。Oyez 网常常提供口头辩论的审讯记录，如果有录音档案（通常为 MP3 文件）的话甚至也提供，以便你可以实际听到律师和大法官辩论该案的实况。例如，在劳伦斯案页面，你会发现该案的简短案件摘要和支持性文件的链接，其中包括口头辩论和判决意见书宣读的录音档案。在页面底部左下角的"Case Basics"("案例基本情况")文本框中,该案的援引号码为一个将你带到 Justia 网的链接。

Justia 网(http://www.justia.com)是一个公共获取的数据库。他们的宗旨是"使法律信息和资源免费和易查"。你可以想象,这是法律写作新手的一个富矿。在该网主页,你下拉至下半页就可以找到称为"Legal Research & Law Practice"("法律检索和法律实务")的部分。在此你可以检索案例、规则、法律杂志和博客。该网的"Supreme Court Center"("美国最高法院中心",http://supreme.justia.com)也有网上所有美国最高法院判决意见书。该网不仅提供判决意见书的文本,还提供网上资源的列表。你会发现在屏幕的右手边有该案 PDF 格式下载的链接、讨论该案的博客的链接,还有讨论该案的新闻文章的链接。如果你想了解美国最高法院的判决意见书,该网是不错的开端。

4.2.6 Findlaw 找法网

Findlaw 找法网(http://www.findlaw.com)为一个免费获取的网站,由一家大型的法律出版商汤森路透拥有。该网为律师和客户提供交流平台。对于我们来讲,其"legal professional"("法律专业人士")页面(http://lp.findlaw.com)提供了案例和制定法的有限的免费图书馆。当你转到该专业网站后,你会在主页发现"Research the Law"("检索法律")检索窗口。该数据库包括联邦法院和部分州法院的判决意见书。你也可以点击主页顶部菜单中的"Cases and Codes"("案例和规则")按钮找到更多的检索选项。在此你可以找到许多州的资源,以及规则、条例和制定法。该网的数据库并非包罗万象,但它内容很多而且免费使用。

4.2.7 国会图书馆法律图书馆

国会图书馆（LOC）法律图书馆为一个公共获取的资料库，位于http://www.loc.gov/law。LOC 拥有一大批历史法律文件、宪法、条约和国际主要法源。它还有当今法律新闻网站的链接，这使它成为开始寻找检索题目的好去处。开始时，找到左手工具条菜单并点击"Find Legal Resources"（"寻找法律资源"）。这一主页有一张你能检索的详细资料表，包括丰富的国际资源和一个按博客话题领域分类的法律博客（"法博"）数据库。

LOC 还提供 THOMAS 数据库（http://thomas.loc.gov）以便"使联邦立法信息可供公众免费获取"。该数据库特别将国会的工作成果编成了索引。

4.2.8 康奈尔大学法律信息学院

康奈尔大学法律信息学院（LII）位于 http://www.law.cornell.edu。它是一个公共获取的数据库，提供公共法律信息。LII 已经发表了自 1992 年以来美国最高法院所有的判决意见书，还有该法院整个历史上另外六百个有影响的案例（并且他们经常性地扩展其拥有量）。他们以易于阅读的方式发表了全部《美国法典》，即联邦制定法。另外，他们还提供许多有助于发现检索题目的次要法源。他们的"Law About"（"有关法律"）菜单提供了许多不同法律领域的简介，而这对于那些对法律检索和写作陌生的人们来讲真是件好事。

4.2.9 维基百科

维基百科是一个精彩的资源，许多互联网用户都熟悉它。它最好用于刚开始寻找有助于你的检索过程的资料时。但是对于学术检索，它未能通过"可靠性原始资料"测试。维基百科不能作为学术检索的可靠原始资料的主要原因是无法确认作者的可信度，因为任何人在任何地方均可以修改词条。

维基百科虽然有此不足，但它对于法律检索还是有许多重要的用处。维基百科案例页提供了与案件有关的重要主题的常识和人物的快速概要。美国最高法院主要案例常常有很强的条目，提供了援引号码、诉讼各方的全称和背景细节。如果你想证实一个案例的援引，只需在维基百科键入案例名称即可。在一个条目页的底部有其他原始资料的超级链接。这些原始资料许多都是学术性的，这样一来，维基百科就充当了有关你的题目的免费原始资料数据库。如果在公共数据库中有诸如审判、口头辩论记录和各方提出的法律理由书的支持性文件，那么维基百科也会有这些链接。

总结一下，维基百科是你开始检索的好地方，但是未经核实之前该网站的细节永远不应作为法律写作的根据。

4.2.10 联邦法院

联邦法院往往有自己的网站 http://www.uscourts.gov。如果你想了解联邦法院系统更多的信息可以从该网站开始。美国法院系统也提供一个网上数据库，称为 PACER（法院电子记录公共获取），但是要收费。它声称"美国国会授权美国联邦法院司法管理机构即美国司法会议就获取案件电子信息收取使用费。"（目前就 PACER 收费和美国公民是否应该免费使用法律信息一事存在争议。）

4.2.11 州法院

美国的州法院系统有自己的网站，而且资源丰富。例如，北卡罗来纳州法院的网站是 http://www.nccourts.gov。你可以点击位于该页中心的"Courts"("法院")链接。然后，在左手边是其最高法院和上诉法院判决意见书的链接。它把你带到了按年份分类的判决意见书的页面，可以上溯到十年以前的案例。其他州也有类似信息的网站。

4.2.12 美国政府出版局

美国政府出版局（Government Printing Office，即 GPO）为一个发表联邦制定法（含《制定法大全》，请见第六章）和大多数立法、司法和行政分支机构文件的立法分支机构。它的公共网站，联邦数字系统（称为 FDsys，位于 http://www.gpo.gov/fdsys）极好地为公众提供了全部这三类分支机构的所有类别的联邦文件，包括总统备忘录、近期联邦制定法和国会听证记录。如果你在检索一份联邦文件而不知如何找到它，可以从 GPO 开始。

除了以上列出的数据库以外，在互联网上还有许多其他有关法律信息的很好的资源，包括大学法学院图书馆拥有的网站和法学教授以及法律执业者撰写的博客。就你的题目进行一个简单的互联网检索，就能知道这些其他的原始资料。在你的浏览器上标记它们以便今后使用。

第五章

撰写有效的段落

好的法律作品的一个标志是有力的、组织完善的和布局良好的段落。在专业法律写作中，构思段落（有时称为"分段"）是一项重要的技巧。在诸如备忘录和律师理由书的专业文件中，段落是快速将信息传递给读者的主要途径。正如一位专业法律写作教授解释的那样："一篇好的法律作品无须读者自己得出结论来。"（德巴克，第116页）要记住专业法律文件的读者一般是忙碌的和没有耐心的，他们不太可能在复杂的正文中梳理出内容。组织是使法律文件易懂和易用的关键，段落是一篇组织良好的文件的基本组成部分。虽然学术法律写作的读者们不太忙碌，但是组织依然是非常重要的。学术法律作者可以从由专业法律作者撰写的段落中学到很多。

本章注重撰写有组织的段落。有鉴于此，我们将看一下来自专业法律体裁中有关分段的一些指南。我们将看到这些指南如何帮助学术作者保持有组织性。虽然专业法律写作指南趋于严格和无创新，但本书主张一种基于修辞学的更加灵活的分段方法。首先，作者必须弄清楚读者从一个段落中要了解的信息是什么。然后，作者必须将该信息以一种最为有效的并考虑到读者需要的方式展示出来。

本书将段落分成几个类型。这些类型并非是排斥性的。应将它们视为不同段落体裁的描述。每一体裁的段落使用一套旨在达到某些目的的规则。本章讨论四种段落的类型：

1. 导论段落
2. 背景段落

3. 争点段落

4. 结论段落

这些小型体裁是从法律写作和古典修辞学的框架中提炼出来的。(要复习这些框架,请见第三章。)

5.1 导论段落

你的导论段落是特殊的。它是你给读者留下好印象的第一个机会,而且也是你的文章中被阅读最多的段落。学术文章中的导论段落帮助读者决定三件事情:

1. 是否要继续阅读该文章?
2. 需要关注文章中的哪些部分?
3. 需要跳过哪些部分?

考虑到读者的需要,让我们审视导论段落的小型体裁。

首先,让我们审视古典框架,来看一下就撰写有力的导论它能够教给我们什么。我们在第三章中学过,在古典演说术中演讲的导论称为绪言。绪言有两个主要目的:它将讨论的题目介绍给一个特定的读者,并将读者带入愿意接受讲话者立场的心境。该框架的第二部分是叙述,它为读者提供足够的背景信息以便使读者理解该论点。第三部分是划分,它将该论点分成易于管理的部分并提供演讲的"路线图"。为了总结一下我们从古典框架中学到的知识,导论需要完成四项任务:

1. 向读者介绍题目并说服他们听下去。
2. 为题目提供一些背景或上下文。
3. 提供讲话者的论点。
4. 将这一论点分成较小的部分。

对于跨越艺术和科学的很多领域的学术作品的审视显示出，学术导论确实可以归类为小型体裁。它经常使用五个部分：题目、上下文、学术对话、论题和方法论。这五部分常常会在一个导论段落中出现，特别是在长度为十到二十页的文章中。在诸如法律杂志文章（常常为五十页或更长）的较长文章中，导论可以长达许多段和许多页。让我们更细致地审视这个小型体裁的每一个部分并看一些例子。

5.1.1 题目

你的项目必须有一个题目。你的题目有两个功能：（1）吸引读者阅读你的文章，（2）告诉读者你的文章确切地是关于什么的。有一个题目还可以帮助你记住自己的研究重点是什么。当然，如果你的研究重点改变了，你的题目也要改变。

法律杂志文章和其他有关人文科学和社会科学的文章具有某些特点。许多题目都有一个先出现的主标题，并在冒号后有一个副标题。题目趋于简明和吸引人。副标题通常为文章的内容提供更多特定的信息。你要练习以这种格式撰写题目。以下是一些例子，以现代语言协会格式的条目形式表示。

Robertson, John A. "Gestational Burdens and Fetal Status: Justifying *Roe v. Wade.*" *American Journal of Law and Medicine* 13.2（1987）: 189–

212. Print.

怀孕的负担和胎儿状态：支持罗诉韦德案。

Fallon, Jr., Richard H. "If Roe Were Overruled: Abortion and the Constitution in a Post-*Roe* World." *St. Louis University Law Journal* 51.2（2007）: 611–653. Print.

如果韦德案被推翻：在后韦德案的世界中的堕胎和宪法。

Mans, Lori K. "Liability for the Death of a Fetus: Fetal Rights or Women's Rights？" *University of Florida Journal of Law and Public Policy* 15.2（2004）: 295–312. Print.

胎儿死亡的责任：胎儿的权利或妇女的权利？

5.1.2 上下文

上下文部分首先出现在一篇学术文章的导论中。在一篇较短的文章中它可以是几句话，在一篇较长的文章中它可以是一个整段。上下文部分必须首先抓住读者的注意力，然后以你作品建立起来的紧迫感、相关性和原创性保持其注意力。在此，你要回答"谁在意？"和"那又如何？"。让我们分别看一下这两个任务——抓住注意力和建立紧迫感。

抓住注意力

把你的首句看作抓住读者注意力的"吸引手段"是有益的。你的吸引手段应直指争点并建立紧迫感。同时它必须避免过分概括。过分概括是写作新手的通病。作者们希望显示他们的题目是重要的，所以把吸引手段写得离中心论点太遥远、不能证明，或是两者兼而有之。

例如，我们的作者辩论在哥伦比亚特区诉凯勒案（2008年判决）中，美国最高法院判决哥伦比亚特区禁止手枪的法律无效，该判决对第二修正案的宽泛解释将使全国大多数控制枪支的法律无效。该作者可能如何开始他的文章呢？

坏的吸引手段：自建国以来，控制枪支就是美国的一个重要争点。

坏的吸引手段：在凯勒案以后，所有人都对控制枪支的法律感到担心。

好的吸引手段：随着凯勒案的判决，美国最高法院已经使许多其他控制枪支的法律处境艰难。

第一个吸引手段离题太远。这篇文章不是美国控制枪支的历史。它只是一篇对一个法院判决结果的非常专注的研究。第二个吸引手段不可能被证明。我们不可能了解"每个人"都在想什么。第三个吸引手段好，因为它抓住了读者的注意力并建立起了紧迫感，同时紧贴作者的题目。另外，在提及处境艰难的控制枪支的法律时使用"许多"而不是"所有"使一个主张更易于证明。

建立紧迫感

审视古代修辞学概念**契机**（Kairos，其发音为"凯罗斯"）可以最好地帮助我们理解紧迫感或相关性。对于希腊修辞学者来讲，契机是指"时间"。这可不是你在钟表上看到的时间，他们对应这种时间的词是"期"。而"契机"指的是时间上特定的一个点，我们可以称之为"及时性"。对于修辞学者来讲，契机指的是一个论点最具说服力的那个时刻。例如，如果大学体育主管有意募捐以支持女篮队，那么他筹钱的最佳时机将是女篮队赢得全国冠军以后不久。在该队大胜以后，募捐会变得时机成熟（kairotic，其发音为"凯罗迪克"）。

契机对于一名修辞学者和学术工作者来讲是最重要的考虑因素之一。写文章时，你会确立一个论点。但是，你也要考虑这些问题：为什么别人要关心我的论点？我的论点是否紧迫、相关和及时？有时你的研究契机是显而易见的。例如，在总统大选年讨论总统政治显然是时机良好的。但是，有时你的读者不易看出你论点的契机。

作为一名学者和修辞学者，你有责任说服你的读者阅读你的作品。为了确立起你作品的契机，你必须使读者相信你的研究是及时、紧迫和相关的。简单说，你必须使你的读者相信他们应该关心你的研究。

让我们回到控制枪支的那篇文章。这是它的吸引手段："随着凯勒案的宣判，美国最高法院已经使许多其他控制枪支的法律处境艰难。"下一步应是什么？作者可能应该提到凯勒案是去年判决的，以此来显示该文的及时性。作者应提到新的诉讼基于凯勒案正在进行当中，可以指出一两个案件的名称，显示出该争点现在正在走法院程序。作者可以引用一位同意凯勒案将具有深远影响的宪法学者的话。简单说，在导论中建立契机的方法多样。但是，要记住，一些背景信息是必要的，这取决于你的读者对你的题目的熟悉程度。所以，在这个导论中用一句话概括凯勒案也是重要的。

5.1.3 学术对话

你的开端部分建立了你的题目的"通俗"上下文，但是在学术写作中你必须也要建立起学术上下文。学术上下文，有时亦称学术对话，基本上回答了这个问题："我以这个研究计划回应了什么学者？"可以通过提及特定学者的姓名和他们的主张或以审视特定的研究趋势来建立学术上下文。

在导论中加入学术对话也是再次向读者保证你清楚就你的题目已经进行的研究，而且在该作品中已经将该研究考虑进去了。简单说，学术对话就是告诉你的读者"我是该题目的专家"。

为了讨论学术对话，你需要进行研究去发现（1）该领域内与你做同样工作的主要学者是谁以及（2）在你的研究中你必须要与之纠缠的主要理论是什么。你的研究不是来自真空，你几乎不可能是就你的题目撰文的第一人。事实上，如果你是第一人，那么你可能应该挑选另一个题目，因为法律写作要追随早期作者的脚步，使用我们所称的"学术先例"。

许多写作新手都不写学术上下文，因为他们不习惯将已经发表过文章的学者当作相匹敌的对手。现在是时候开始把自己也想成学者了。

在我们控制枪支法律的例子中，作者可能会讨论宪法学者是如何评论凯勒案判决意见书的，以及它将以何种方式影响已由法律确定的控制枪支法律。作者可以说出一位学者的名字（宪法专家欧文·乔姆伦斯基建议……）或是说出群体或趋势（同意凯勒案裁决的宪法专家相信它应该广泛应用到全国所有控制枪支的法律中……）。有多种方式向读者表明你清楚就你的题目已经进行的研究，以及陈述你的论点以回应这种研究。

5.1.4 论题

下面是导论的论题。它有两部分。首先，你需要从学术对话（别人如何说）过渡到你的中心论点（你如何说）上。这个过渡句子或这些过渡句子将更大的学术对话和你的题目连接起来。你同意其他学者所言吗？不同意？同意其中一些而不同意其中的另一些？在你发表你的中心论点之前，现在是时候让你的读者了解这些内容了。

在此过渡之后，该是你的中心论点了。正如我们在第三章中学习的那样，法律杂志文章以及在人文学科和社会科学领域中的其他文章，常常使用信号短语，诸如"本文建议""我建议""本文辩称"或是"我辩称"。

使用"我"

本书提供的这些信号短语中有一些带有"我"这个字。你可能学过在学术写作中永远不用"我"。这一忠告虽然是好的，但是是错误的。虽然有些领域不赞成在学术写作中使用这个第一人称代词，但是其他领域欢迎此举，而且还甚为期待。

上述例子中的和常常在某些学术领域出现的包含"我"的话语常被称为"元话语"。**元话语**（Metadiscourse）以一种引人注目的方式表明作者正在谈论自己的写作，常常将读者引向研究的曲曲折折。它是正文中作者指向正文本身的那些地方，就像是一名导游那样。

在这些元话语时刻，"我"是一个非常好的工具，因为它让读者了解你正在走出你作为研究者的角色而进入作为导游的角色。

"我"的用法有些是不太有效的，你要避免它们；这些在你上高中时英语老师就警告过你。有些作者使用"我"以避免做有力的辩论。因为用"我"弱化了你的立场，会损害你作为作者的权威，所以此举极少是个好主意。关于你是否应使用"我"或是"我"的短语有一个很好的测验：你的句子没有"我"的短语是否也能有效？如果你能删去"我认为"、"我相信"或是"我的意见是"而不改变正文的意思，那么就应该删去它们。

要记住：表明与其他作者相比你的立场如何是个好主意。指导你的读者是件好事。由于害怕做有力的陈述而使用"我"则不是件好事，因为此举会损害你的气质。

5.1.5 方法论

导论段落的最后一部分是方法论,它与古典框架的划分类似。你的**方法论**(Methodology)是对你将在文章中提出的支持性论点的简明概述,是对你将如何证明你的论题的分步解释。你可以将方法论看成是你的文章的"路线图"。你可以用三四句话来提供这一路线图。

在方法论中,你将可能再次使用"我"一词,因为方法论是元话语。以下是一例:

> 首先,我将审视_____的历史。其次,为了_____的未来,我将审视_____的意义。最后,我将_____。

如果你的学术团体允许你使用"我",当你解释你的研究过程时,不要害怕使用它。但是要记住,首先应学习和遵循你的领域中有关使用"我"的规则。

5.1.6 评估一名学生的导论

现在我们将审视一篇由一名叫雷切尔的本科生写的导论段落样板。要注意她的题目是如何做到既有趣又具有解释性的,以及她如何用首句吸引住了读者。你能识别出这篇文章的上下文吗?你在阅读时,要努力找出雷切尔如何在其作品中确立了契机。你能指出雷切尔使用的显示出她的题目是重要的关键短语吗?你能发现论题部分吗?方法论?

> **虚拟儿童色情：当《保护（法）》儿童变成一个宪法问题**
>
> 恋童癖患者正在制作、分享和贩卖儿童进行性行为的图像，并声称那是言论自由。疑难是他们使用计算机软件而不是真实的儿童制作这些色情图像，但是该图像与传统儿童色情无法区分。虚拟儿童色情管理的反对者坚持认为，以前没有被法院视为不受保护的所有言论都因此而被第一修正案保护。但是，我同意另外一些法律学者的观点，他们主张有一些新形式的言论特别是虚拟儿童色情应该包括在不受保护的言论中。在本篇文章中，我辩称因为法院已经允许将儿童色情包括在不受保护的言论中，所以禁止虚拟儿童色情在宪法下也是有效的。我将首先审视第一修正案和以前对于儿童色情的判例的意图。然后，我将着重关注 2003 年实施的《禁止奴役当代儿童的起诉救济及其他手段法》(Prosecutorial Remedies and Other Tools to End the Exploitation of Children Today，首字母缩写为 PROTECT，《保护法》) 中的章节，因为该法与这个争点有关。我也将审视科学家对恋童癖的研究，以及观看不同形式的儿童色情的心理影响。最重要的是，我将从我们伟大的道德责任出发，列出虚拟儿童色情的危害，以便保护我们国家的儿童。我坚持儿童色情无论是否是虚拟的都是有害的。

雷切尔的题目是有力的。它很好地使用了标题/副标题的形式，提供了文章题目的观点，而且甚至还在用词上有创意，将国会一项法律的首字母缩写 PROTECT 融入题目中。

她的吸引手段句也是有力的："恋童癖患者正在制作、分享和贩卖儿童进行性行为的图像，并声称那是言论自由。"这句话既冷静又吓人，因为她的口吻是专业的和客观的，但是词语本身具有紧迫感甚至威胁。读者很难不接着读下去以弄清这一威胁会被如何处理。

接下来她提供了一些有关她要进行的对话的信息——是谁在维护虚拟儿童色情，是谁在反对，而且她写出她同反对者意见一致并以此进行对话。然后她过渡到其中心论点上，最后过渡到其方法论上。

在如此有力的导论之后，读者将选择接着读下去。但是，大多数读者将需要更多的有关虚拟儿童色情争议所涉及的法律信息以便了解雷切尔的论点。接下来讨论的背景段落会提供此信息。

5.2　背景段落

古典框架的第二部分是"叙述"，讲话者提供信息以使读者能够理解正在讨论的主题。在学术写作中，你可能需要为你的读者提供有关你的研究题目的背景信息。该信息常常在背景段落中传递给读者。

背景段落似乎不进行许多辩论。它们代之以提供你的论点的必要背景信息。但是，要记住你展示你的题目的背景信息的方式可以构建成支持你的立场的方式。

为什么在一个单独的段落中展示你的背景信息呢？为什么不把背景和论点结合起来呢？这是我们从专业法律作者那里借来的一个技巧。在专业法律写作中，一个文件的"事实"部分是和"论点"部分分开的，原因是读者先读案件的故事再读对该故事的分析会比较容易。同样，在学术写作中，如果你先展示信息再分析它，对读者来讲会更容易些。法律写作中的背景段落一般包括以下主题之一：

1. 对于你的项目至关重要的一个案例
2. 一项立法

3. 一个历史事件

一般当你将讨论一个高度专业的研究题目，又认为你的读者对该题目不太熟悉时，就需要背景段落。不要将只是展示信息的背景段落和展示有关该信息的论点的分析段落弄混。要将背景和论点分隔开。

背景段落常常在你的导论后出现，它提供足够的信息以便你可以开始自己的分析和论点。如果你有一个第二背景段落，可以将它置于文章的稍后部分，即当你转换到你的研究中的另一个子话题时。

背景段落的主题句常常看上去是这样的："在我们讨论（你的论点应放在这里）之前，我们必须回顾（案例/立法/历史事件的名称）。"本句对你的读者来讲是一个有力的**路标**（Signpost），即在全篇文章中指导读者的元话语句子。以下是背景段落主题句的例子：

> 在我们能够讨论早期投票的负面后果之前，我们必须首先审视这样的项目是如何开始的。

这个主题句来自于一个关于在不同州的早期投票立法历史的背景段落。该作者正确地假设大多数读者不熟悉创立早期投票的立法，所以在其文章中他在维护该立法前叙述了它。还有下例：

> 在我们能够审视学校再隔离的后果之前，我们必须首先审视普莱希诉弗格森案（1896年判决）和布朗诉教育厅案（1954年判决）。

这个主题句来自于一篇近期美国最高法院的判决，即家长参与的社区学校诉西雅图第一学区案（2007年判决），该案宣布基于种族的公立学校整合项目，例如使用校车运送学生上学，是违宪的。该作者辩称在西雅图案判决以后学校将会重新隔离，并且把该案与早期被州所允许的种族隔离的案例相比较。她知道一个概括了学校隔离法主要判例的背景段落将有助于读者更好地了解其论点。

背景段落一般有几个必需的部分。首先，它必须有以上讨论过的一个主题句。其次，你必须提供以下内容：

1. 一份对所涉及的人或组织的概述
2. 事件发生的日期或法律通过的日期
3. 一份对于该事件／立法／案例的至关重要的争点或冲突的叙述

如果你就一个案例进行写作，你的背景段落将会看上去像是一份以段落形式出现的判词摘要。

引用对于该事件至关重要的立法、案例或历史人物是重要的。读者如果能听到一个特别的声音——一位美国最高法院大法官的声音、一位美国总统的演讲，或立法的正文——他们会觉得更有趣。要确保你的引用正确。（有关法源援引的更多内容，请见第六章。）

5.2.1　评估一名学生的背景段落

让我们再次关注雷切尔的文章。下文是紧随导论段落其后的背景段落。要注意她是如何花时间解释"虚拟儿童色情"这一复杂的法律概念的。她的主题句十分有力，而且使用了在这一领域中一位学者的作品来教授其读者这个专业化的研究主题。

> 为了了解为什么在这些问题上有如此激烈的争论，我们必须了解当我们提及"虚拟儿童色情"时究竟说的是什么。法律学者瑞基·索洛韦辩称我们应该管理虚拟儿童色情。索洛韦解释说，不同于传统儿童色情，计算机生成的儿童色情没有显示真实生活中的儿童。计算机处理的图像将儿童的图片与进行性行为的成人身体的图片混合。虚拟儿童色情在制作时是把一个成人的头部变成一个儿童的头部，常常使用儿童的图像作为改变的另一端，因此制作出一个不能辨认的儿童的新图像。索洛韦指出真实的改变过程实际需要以使用一个儿童的图像开始，所以在制作过程中会使用一个真实生活中的儿童图像。计算机软件也能够使色情制作人将生殖器官和乳房缩小，除去阴毛，并将新图像的身体苗条化，以便制作出一个更年轻和看上去儿童化的形象（索洛韦，第162至163页）。计算机生成的儿童被嵌入正在进行性行为的情景中去。这种技术易于得到而且花费不大。甚至对于训练有素的人来讲，计算机生成的图像与使用真实儿童制作的儿童色情实际上也无法区分。

读完本段后，读者对"虚拟儿童色情"是什么，以及色情制作人如何制作它有了深刻的理解。要注意雷切尔如何选择了一个以负面形式叙述事实的原始资料，强调真实儿童的图像实际上在制作过程中被使用了，并暗示虚拟儿童色情应该与真实儿童色情一起被禁止。换句话说，雷切尔展示的事实支持其论题。当你撰写背景段落时，要想办法保持一种客观性的口吻，与此同时要强调支持你的论点的事实而不强调反对你的论点的事实。

5.3 争点段落

在导论和任何必需的背景段落之后便是文章的争点段落。按照你在方法论中确立的条理,在争点段落中一步一步将支持性论点过一遍。如果你写出了如第三章中叙述的论点大纲,相当于许多工作已经做完了——你已了解你的论点是什么以及将使用何种原始资料支持它们。

在法律学术写作和一般学术写作中,一个布局谋篇良好的争点段落具有几个通用部分:

1. 一个有力的、展示出段落论点的主题句
2. 支持主题句论点的一个或多个原始资料
3. 对这个原始资料的分析
4. 过渡到下一部分段落

在你经历了所有这些步骤后,你可能注意到与你以前的写作相比你的段落将变长。这是好事。不要怕长的段落。同时,要记住北海巨妖,那个传说中的巨型海兽,它有八条可以将一整艘船拉下水的腿。如果你的段落开始变得过长,并充满了太多不同的观点,它可能毁掉你的文章。你可能需要去除一个观点并开始一个新段落以便保持有条理。总结一下,不要害怕长的段落,但是要小心北海巨妖型的段落。

这是对有力的争点段落中常见的四个重要的组成部分的一个概述。在回顾完这些组成部分之后我们将会审视一位学生的争点段落以实际地考查它们。

5.3.1 主题句

主题句像是小型论题，展示一个特定段落的论点。每个段落都需要一个主题句，这意味着每个段落都需要一个主题。主题是一个段落存在的理由。但是，要注意每个段落只有一个主题。段落的开始——主题句，可能还有随后的几个句子——需要达到两个目的：

1. 告诉你的读者这个段落的论点是什么。
2. 将该论点置于你的文章较大的上下文中。

5.3.2 来自原始资料的支持

在主题句，可能还有另外一个或两个拓展或解释该段的论点的句子之后，你必须用证据支持你的论点，这些证据通常是一个主要的或学术的原始资料。这个原始资料应被适当介绍并很好地融入你的正文中。（第六章将详细讨论如何介绍和融入原始资料。）

5.3.3 总结/解释/应用

总结/解释/应用指的是一位学者遵循的使一个原始资料支持其论点的步骤。只是在段落中间插入一段引文是不够的，你必须与引文（或其他证据）交流并指出它如何与你的论点相关。

首先，它有助于为读者总结该引文。是的，读者刚刚读了该引文，但是你把作者的话用自己的语言重述会使它们易于理解，特别是如果原始资料是一些高度技术性或是隐晦的材料时。要记住，你有机会在上下文中阅读那些话语，但是你的读者只是看到了片断。重述该引文提供了那一上下文。

其次，你需要为你的读者解释该材料。这意味着你需要运用观点，为你的论点提供意思最佳的词语。想一想法官和律师们就解释一项制定法的最佳方式进行的辩论。制定法似乎是以正规的英语撰写的，那为什么还要如此辩论呢？答案在于语言本身的混乱。因为我们都会将不同的观点带入文本中，所以不同的人对词语和句子的含义有不同的理解。你需要使你的读者相信你的解释是对证据的最佳解释。这需要你对自己和自己理解复杂材料的能力有信心。

最后，你需要将这一解释应用到你的较大的论点中。在此从原始资料如何讲转到你如何讲。你在此可以使用"我"以便显示现在你在宣布你自己的论点而不是重复一个原始资料的论点。你可以说你同意该原始资料，或是不同意，或是同意一部分而不同意其他部分。

5.3.4 过渡

段落的最后一句应该过渡到文章的下一段。过渡句常常和在其后面的主题句一起发挥作用。有时你无需过渡句。测试方法是读者是否会被过渡弄糊涂，如果答案是肯定的，那么要加上一个过渡句。

5.3.5 评估一名学生的争点段落

让我们最后一次看一下雷切尔的文章并审视一个争点段落。你对她的主题句看法如何？它是否发挥了一个主题句应有的所有作用？你能指出她在何处开始的总结/解释/应用的应用部分吗？

122　法律写作简明指南

> 既然我已经展示了《禁止奴役当代儿童的起诉救济及其他手段法》是合乎宪法的，我将审视一些证据，证明为何该法也是必要的。保护虚拟儿童色情的风险包括对观看者自己的负面影响、暴露给儿童的风险，还有起诉人的举证。我将首先关注对观看者的负面影响。观看虚拟儿童色情可以建立起儿童和性的心理联系而这种联系以前可能不曾存在。印第安纳大学电信学教授布赖恩特·保罗和加利福尼亚大学圣塔芭芭拉分校心理学教授丹尼尔·林茨对虚拟儿童色情进行了实验。保罗和林茨发现"暴露于虚拟儿童色情或介于合法和非法之间的色情作品的男人和女人们，比起暴露于看上去较年长的模特出演之材料的受实验者，前者显示出在青少年和性行为之间更加强烈的认知联系。"（第29页）他们的研究发现暴露于虚拟儿童色情的受实验者更可能将未成年人的非性的图像与性行为联系起来。该研究显示社会禁忌仍然强行禁止与年轻人发生性关系。但是保罗和林茨假定持续观看儿童色情，无论是否是虚拟的，将可能打破禁忌，尤其是观看者看得情感麻木不仁的时候（第32页）。保罗和林茨说对一个特定行为的认知考虑可以是故意行为的第一步（第34页）。我断言观看虚拟儿童色情导致的麻木不仁所造成的危害将因为政府宽恕这些图像而放大。政府对于虚拟儿童色情的接受，和因此而产生的放心观看不必害怕被起诉，将导致观看数的增加，转而导致进一步麻木不仁。因此，保护虚拟儿童色情加上麻木不仁将导致恋童癖趋势的案件增多。

雷切尔开始本段的方式是使用路标和其他元话语工具将该段置于其文章较大的论点中。她准确告诉读者其论点是什么。在这一开头中她使用了三次"我"，但是此举没有一次削弱了其论点。

> 既然我已经展示了《禁止奴役当代儿童的起诉救济及其他手段法》是合乎宪法的，我将审视一些证据，证明为何该法也是必要的。保护

虚拟儿童色情的风险包括对观看者自己的负面影响、暴露给儿童的风险，还有起诉人的举证。我将首先关注对观看者的负面影响。

她接着展示了其证据——对成年人暴露于虚拟儿童色情的心理学研究。在展示完该项研究成果以后，她将该研究与其论点相结合。首先，在提出该证据之前她展示了该证据的概要。此举是高招："观看虚拟儿童色情可以建立起儿童和性的心理联系而这种联系以前可能不曾存在。"

在提供完这个概要陈述后，她使用有力的细节和每一部分的页码一步一步地讨论该研究，就像这样："保罗和林茨说对一个特定行为的认知考虑可以是故意行为的第一步（第34页）。"

然后，她将该研究与其论点相结合：因为这些负面影响，法律应该对儿童色情采取强硬立场并禁止它。她使用"我"给读者发出信号即她正在从引用学者们的声音过渡到她自己的声音："我断言观看虚拟儿童色情导致的麻木不仁所造成的危害将因为政府宽恕这些图像而放大。"

她以一个有力的对自己立场的陈述结束了该段："因此，保护虚拟儿童色情加上麻木不仁将导致恋童癖趋势的案件增多。"

虽然一个争点段落必须要完成许多任务，在具体的写作中作者还是有很大的灵活性。雷切尔的段落是一个有力的例子，但是在你自己的写作中要试着以不同的方式将论点和证据相结合。

5.4 结论段落

在结论段落中，你总结论点，加上结论论点，并在一个更大的范围内讨论你的研究项目的影响。结论常常从具体的、在文章中讨论的主题，转移到一般的、你的研究结果的更大的含义。当你从具体转移到一般时，要问自己这些问题：我正在提出的主张的影响和含义是什么？世界会因为我的文章如何改变？

结论可以多种方式构建。它们常常提出问题，恳求读者采取某种行动，或是警告如果不采取某种行动，负面后果将发生。

有些作者发现在结论中回归到契机是有益的。你需要在结论中回答的问题是："既然我已经完成这项研究并劝说你同意我的论点，那么将会发生什么呢？"这个问题可以缩减为"现在该怎么办？"

以下是雷切尔的结论段落。

> 我坚持虚拟制作的儿童色情图像与真实儿童色情区分不开，因此它们将会产生同等的危害。我反对唐纳德·莫洛伊法官在言论自由联盟诉雷诺案（1999年判决）中的判决，他裁决说"如果没有真实的儿童，就没有真实的受害人，那么就没有真实的犯罪"（第1096页）。这种论证与对虚拟色情管理主要的批评一样。但是，我已经展示了结论性的证据：即使在虚拟儿童色情的原创制作中没有滥用儿童，它对于社会中的儿童也存在巨大的风险。《禁止奴役当代儿童的起诉救济及其他手段法》是为虚拟儿童色情的难题量身定制的一项有效解决办法，而且我们必须维护该法使其免受进一步的挑战。关于色情有许多就言论自由进行的争议，但是那些都是围绕着色情制作者的言论而进行的。以如此方式进行争议成功地压制了儿童的言论，他们会全体高呼他们不想因为虚拟儿童色情被以任何形式强迫、性奴役或受害。虽然如此，禁止虚拟儿童色情可能还会受到挑战。如果美国最高法院以一种虽然用心良好但是弄错方向的方式维护言论自由，没有注意到这些论点，且未能维护《禁止奴役当代儿童的起诉救济及其他手段法》的话，那么国会必须准备很快制定并采纳新的立法。否则，我们作为一个国家将以接受我们儿童的色情性关系而降低他们的价值。

要记住，在学术写作中这些段落体裁不是唯一的。它们只是最常见的和你需要掌握好的。为了学习学术写作的体裁，我建议你阅读学术作品。看你是否能够在你领域内的文章中找出其他常见的段落类型来。

5.5 分析一个导论

一名叫肯尼迪的学生撰写了以下导论。认真阅读然后回答其后提出的问题。这种练习将增强你识别学术导论这一小型体裁的规则以及在今后的写作中使用那些规则的能力。

> **"强加于奴隶种族的不平等法律"：在刑事和民事法庭中的学生司法证据之有效性**
>
> 比以往更多的大学学生正在受到刑事控告。当一名学生触犯刑法或民法时，在大多数情况下他也违反了其大学制定的行为规范。因此，他要面对两种不同的惩罚：刑事或民事法庭以及大学的惩罚程序。本篇文章将探索当学生司法程序与刑事或民事法庭采取的程序重叠时前者的作用。两种体系在程序、目的和规则上差别巨大。但是，两种体系均使用相似的证据来使学生有罪或无罪。在本篇文章中我辩称在学生司法程序中发现的证据是有瑕疵的而且除非另行证明否则应在刑事或民事法庭中无效。首先，我将分析在《家庭教育、权利和隐私法》（FERPA，《美国法典》第20标题卷第1232g节）下学生档案的构成。然后我将审视控方律师如何并在多大程度上可以获取这些档案作为证据，以及如何在刑事或民事法庭中使用它。最后，我将在学生司法程序中获取的证据和可采纳证据的必要规则的上下文中分析适用的联邦证据规则。

5.5.1 问题

（1）在本段中作者如何确立契机？首句吸引你的注意力了吗？为什么吸引了或是为什么没有吸引？

（2）学生提供他将进行的一个对话了吗？他讨论了其他学者或作者对他的题目的看法了吗？

（3）该学生的论题是什么？该作者提供了足够的介绍性材料以便你了解他辩论的论题了吗？

（4）该学生的方法论为其文章提供路线图了吗？它是似乎太短了吗？太长了？如果该文章是十页呢？四十页呢？

第六章

使用原始资料

在第一章中我们详细阐述了法律写作的概念：提出法律主张和使用可靠证据支持它们的技巧。你在第一至第五章中将这个概念运用到了实践当中。你学习了如何阅读和分析案例，如何发现题目以及使用数据库检索该题目，如何组织论点和可靠证据，以及如何将这一组织放置到段落形式中。

现在你将学习如何将可靠证据融入和援引到你的作品中。你将学到如何精确地援引，要记住在法律写作和检索中精确的重要性。（有关精确的更多内容，请见第四章。）

在本章中，我们将首先审视援引的修辞学目的。然后审视援引的基本框架，即由许多引用格式共享的一种框架。接着，我们将学习如何将原始资料融入正文中。本章的最后部分列出了在你的检索中可以用到的专业法律文件，其中有如何以现代语言协会和美国心理学协会格式援引这些文件的准则。

6.1　援引的修辞学目的

简单地讲，**援引**（Citation）是对于外部原始资料的引用。在法律写作中，援引有力的原始资料或可靠证据使你的作品更加有力。这一原则对于其他领域的研究也是适用的。证据有时是由在实验室中进行的科学观察组成的，有时是由对一篇文学作品精读后提炼的细节构成的，而有时是通过研究大量人群而采集的统计证据。每一个领域均有其自身的证据类型并要求作者使用那些证据以支持其主张。如果你在自己的作品中使用证据，你必须援引它。

在你的作品中正确援引原始资料，目的有三：

- 为你自己获得那些原始资料的可靠性或力量，即增加你作为作者的气质。
- 为你借用他人的作品提供材料来源说明。
- 为你的读者们提供他们可遵循的检索足迹。

让我们分别审视这些目的。

6.1.1 获得可靠性

当你在作品中提出一项主张时，如果你能够指向一个公认的意见、一位该领域专家的作品、一项有力的实证研究，或是一份受人尊敬的原始资料，那么你的作品将获得该意见/研究/专家/原始资料的可靠性。将援引的原始资料看成是队友，它们使你的工作更加有力。但是，你必须援引得使你的读者知道它们是什么以及它们说了什么。你已经了解在司法判决意见书中，法官提供引用的判例以支持他们当时的裁决。这是因为法官制定的法律是由以前的裁决即判例构成的。把你在研究中使用的原始资料看成是一种先例。你用于支持自己主张的案例、法律杂志文章和其他原始资料都是学术先例。你继承了法律思想的辉煌历史。因而，在你的作品中要用上它。

最后注意一点：有些写作新手担心他们作品的原创性。他们相信如果在其作品中援引其他学者，那么他们的研究将不会那么具有原创性。要记住，你不必在文章中从零开始确立所有的观点。事实上，使用他人的观点并推陈出新会使你的作品更加有力，就像是在坚实的地基上建房一样。

6.1.2 提供材料来源说明

许多作者害怕**剽窃**（Plagiarism）：使用他人的原创作品并声称是自己创作的。剽窃问题的部分原因是作者总是不确定剽窃到底是何物。如果你记住下面这个原则你就永远不会剽窃：无论你使用了谁的"话语"，只要不是你的，就必须提供材料来源说明。援引是将功劳归给你使用其观点的那位作者的方法。使用他人的作品时需要援引以避免剽窃。有三种不同的援引方式：

直接引语

显然，如果你直接引用他人的材料，必须援引它。在现代语言协会和其他格式中使用圆括号援引（以后还会有更多的讨论），圆括号应该在引语之后立即使用，而不是在它出现那段的末尾。

释义

释义（Paraphrase）是使用与原作类似数量的词语重述另一位作者或学者的观点。写作新手有时称此举为"用我自己的话说出来"，他们错误地相信因为词语是不同的所以无须援引。这是不对的。释义必须援引。要像对待一条引语那样对待一个释义，在释义之后立即用圆括号标出特定的页码。要记住，即使你使用了自己的话，也依然必须援引一个释义，因为你正在使用他人的观点。

观点的概括

  概括（Summary）是对一个原始资料观点的重述；作者将一个较长的原始资料的文本摘录成一个短了许多的文本。概括是对一个原创材料的较长的摘录进行处理，所以它可能很难援引特定的页码。要在圆括号中提供页码的区间以显示哪些页码是用于撰写你的概括的。

6.1.3 检索足迹

  精确援引原始资料的第三个原因是为你的读者留下检索足迹以便他们查询。对你的作品有兴趣的读者可能想进一步了解你所做的研究工作。精确援引使读者能够重复你的研究，阅读你已经读过的相同的主要和次要原始资料，还可能会推陈出新。当你写出一个援引时，要问一下自己，"读者能够使用这个援引信息并很容易地重复我的研究吗？"如果答案是否定的，那么你需要就你的原始资料提供更多信息。

提示："常识"

  你可能听说过不必援引"常识"的规则。这听上去简单，但是该规则比听上去更复杂。确定哪种知识是"常识"不总是那么容易。这一问题是修辞性的：一项交流的听众决定什么是常识什么不是常识。你必须要了解听众在你的题目方面的知识。通常他们的知识比你认为的要少。

  作为一条基本规则，可以在百科全书（例如维基百科）中找到的重要日期和事件是常识。例如，《独立宣言》的作者和日期是常识。但是，如果你引用了《独立宣言》原文的话，就应该援引托马斯·杰斐逊和你在其中找到原文的书籍或网站。

6.2 基本援引结构

现在既然你了解了应援引什么，我们将学习如何援引。不同种类的文件使用不同格式来显示援引。你已经听过许多这种格式：现代语言协会格式、美国心理学协会格式、芝加哥格式和"蓝皮书"格式。这些**引用格式**（Citation Style）是作者们用来就正文中使用的原始资料与读者交流的系统。

专业法律写作使用"蓝皮书"援引原始资料。"蓝皮书"格式也被大多数法律评论所使用。"蓝皮书"格式是高度复杂的引用格式，你将在法学院第一个学年学习并在你的法律生涯中掌握它。本书对"蓝皮书"格式不会详述，但是你在阅读案例和法律杂志文章时将学习识别它。

实际上，世上有几百种引用格式，但是你遇到的大多数引用格式的原则和援引结构都是一样的。无论你在人文（哲学、英语）还是在社会科学（政治学、社会学）领域中撰写关于法律的文章，你必须了解如何以既满足你的研究领域中的需要又在法律交流中说得通的方式援引这些专业文件。虽然不同领域有它们自己的格式，但一旦你学习了援引的原则，从一种格式转换到另一种格式是非常容易的。

正如你已经了解的那样，现代语言协会格式是由现代语言协会创立的，它是英语和作文课程优先的格式，还有许多其他类型的课程使用该格式。美国心理学协会格式是政治学课程优先的格式。本书建议写作新手使用现代语言协会格式或美国心理学协会格式来援引他们的原始资料。

6.2.1 援引的三个组成部分

大多数引用格式共享的援引有三个部分。每一部分都发挥着非常重要的作用。它们是（1）信号，（2）在正文中的标记，和（3）参考书目条目。

援引信号

　　援引信号（Citation Signal）为一个词或短语，显示作者将要引用、释义或概括原始资料。它看起来像是这样："在她的书_____中，作者建议［或辩称或写道］_____。"

　　在现代语言协会和美国心理学协会格式中，信号动词总是用现在时。（请见后面的讨论，在"整合原始资料"部分，有一份信号词的列表。）信号词告诉读者你将要从自己的思想转换到他人的思想。

在正文中的标记

　　在正文中的标记为一些正文，通常是以圆括号或上标的形式插入到原始资料之后。在圆括号中的标记（由现代语言协会和美国心理学协会格式使用）通常提供作者的姓和页码，有时也有作品的题目和/或出版年份。上标在正文中的标记通常为脚注或尾注号码，它告诉读者在一页的末尾或是正文_____的末尾寻找援引信息。

参考书目条目

　　包括现代语言协会和美国心理学协会格式在内的许多引用格式要求你在正文末尾提供一个援引的参考书目表。根据你所用的引用格式，这些参考书目条目具有一种非常特别的格式安排。有关参考书目条目最重要的是要记住它和在正文中的标记一同起作用。在正文中的标记告诉你的读者如何找到参考书目条目_____。

　　例如，在现代语言协会格式中，圆括号中的内容可以提供引文作者的姓和页码。如果读者想了解有关所援引作品更多的情况，他可以去看正文的参考书目，在那里按作者姓氏的字母顺序列出作品。然后参考书目条目会告诉读者如何在图书馆或网上数据库中找到该作品。这种从在正文中的标记到参考书目条目再到通过数据库寻找作品的程序就是检索足迹。如果其中任何步骤断裂，那么检索足迹也就断裂了。

6.2.2 以现代语言协会和美国心理学协会格式表示的法源

让我们转到对以现代语言协会和美国心理学协会格式援引法源的简单介绍。我们假设你熟悉现代语言协会和美国心理学协会格式的基本形式，而且有一本包含现代语言协会和美国心理学协会格式规则完整列表的援引手册。对使用法源陌生的作者常犯的一个错误是，将"蓝皮书"援引直接复制到现代语言协会或美国心理学协会格式的正文中。要记住，法律杂志文章和法院判决意见书使用不同的引用格式，而你必须将这些援引转换为现代语言协会或美国心理学协会格式或是在你的写作中使用的格式。

以下是援引法律杂志文章和法院判决意见书的一些准则，还有一些提示以及对于法源陌生的作者常犯的错误。本章结尾处列出了完整的法源。

援引法律杂志

适当援引法律杂志要求你应用正使用的引用格式的规则。

现代语言协会规则要求你将一个圆括号放在正文中，其中包括作者的姓和页码。在援引作品列表中的参考书目条目中有作者的姓名、带有引号的文章题目、以斜体表示的杂志名称、由一个句号隔开的卷和期号码、在圆括号内的年份，以及页码区间。

美国心理学协会规则要求你将一个圆括号放在正文中，其中包括作者的姓，随后是一个逗号、出版年份，随后又是一个逗号，然后是 p. 或 pp.（页码），随后是页码或页码区间。

提示：页码

正如我们在第四章中学习过的那样，提供你引文材料的准确页码是重要的。如果你从 HeinOnline 法学期刊全文数据库调取一篇文章，其页码与你在这份杂志的纸质版读到的页码相同。在 LexisNexis 律商网学术大全数据库存储的文章是 HTML 格式的，而不是 PDF 格式。要注意正文中表示原文文件分页的方括号，方括号中的号码是新一页的号码。要努力找到你援引的每一个文件的原始页码。

假设我们需要援引由玛莎·C.努斯鲍姆（Martha C. Nussbaum）写的名为《像法官一样的诗人：司法修辞学和文学想象》（"Poets as Judges: Judicial Rhetoric and the Literary Imagination"）的文章。该文发表在 1995 年的《芝加哥大学法律评论》（University of Chicago Law Review）上。该文位于第 62 卷第 4 期的 1477 至 1519 页。以下为该原始资料如何以现代语言协会格式在一篇研究文章中被援引：

法律和文学已经变成一个重要的研究领域，但也是一个有限制的领域。一位法学教授坚决主张"技术性法律论证、法律知识和先例的限制在良好的判断中发挥了至关重要的作用，并且提供了限制，在其中［文学］想象必须起作用"（Nussbaum 1480）。

要注意在圆括号中的作者名字和页码之间没有逗号。句号在圆括号后面而不是里面。一定要熟悉你的引用格式的标点符号规则。正确标注标点符号也是法律写作精确要求的一部分。如果这个圆括号中的内容是以美国心理学协会格式表示，应该像这样：（Nussbaum, 1995, p. 1480）。要再一次注意标点符号，它是如何不同于现代语言协会格式的。

让我们转换到这篇文章的参考书目条目。按照现代语言协会格式的规则，条目应该如此：

> Nussbaum, Martha. "Poets as Judges: Judicial Rhetoric and the Literary Imagination." *University of Chicago Law Review* 62.4（1995）: 1477–1519. Print.

注意悬挂式缩进和在书写杂志题目时斜体字的使用。美国心理学协会格式条目也是采用悬挂式缩进和斜体字，但是除此之外两种条目差别明显：

> Nussbaum, M.（1995）. Poets as judges: Judicial rhetoric and the literary imagination. *University of Chicago Law Review 62*, 1477–1519.

在此，作者的名字被缩写成只有首字母。紧接着是在圆括号中的出版年份。文章题目没有引号，词语不大写，但是第一个词和副标题（如果有的话）的第一个词除外。最后，杂志的题目和卷号均是斜体字，而且因为该杂志是按卷来分页的（而不是按期号分页）所以没有期号。

让我们仔细看一下援引法律杂志文章的过程并审视写作新手常见的一些错误。

援引法律杂志常见的错误

当对法源陌生的作者学习援引这些原始资料时，他们会碰到一些常见的错误。大多数错误是由从"蓝皮书"格式向现代语言协会格式、美国心理学协会格式和其他非法律引用格式的转换造成的。第一个错误是当作者模仿"蓝皮书"格式在文章的参考书目条目中给出了首页码而不是页码区间时发生的。下面是一个现代语言协会格式的例子：

Nussbaum, Martha. "Poets as Judges: Judicial Rhetoric and the Literary Imagination." *University of Chicago Law Review* 62.4（1995）: 1477. Print.

这里的"1477"是该法律杂志文章的首页。虽然"蓝皮书"只要求开始页码但是大多数普通引用格式要求页码区间。第二个问题是作者给出了法律杂志卷号的年份区间而没有给出文章发表的精确年份。这是因为法律杂志的出版是横跨一个学年而不是日历年。你必须给出以现代语言协会和美国心理学协会格式援引的你的特定文章发表的精确年份。以下是以现代语言协会格式援引的例子：

Nussbaum, Martha. "Poets as Judges: Judicial Rhetoric and the Literary Imagination." *University of Chicago Law Review* 62.4（1995–1996）: 1477–1519. Print.

在本例中，"1995–1996"应该简化为"1995"。

第三个问题出在当学生用"蓝皮书"规则缩写法律评论的名称而不是按照现代语言协会和美国心理学协会格式给出法律评论的全称时。例如：

Nussbaum, Martha. "Poets as Judges: Judicial Rhetoric and the Literary Imagination." *U. Chi. L. Rev.* 62.4（1995）: 1477–1519. Print.

现在我们将审视案例的援引，一个比援引法律杂志文章更复杂的过程。

在正文中援引案例

当你在文章正文中提到一个案例时，应该将案例名称像书名或杂志名一样对待，要用斜体字。即使你使用案例名称的简称，例如，用普勒希案代替普勒希诉弗格森案，你也应用斜体字。但是，如果你是在写霍默·普勒希这个人，他的名字不要用斜体字。"*Plessy*"指一个案例，"Plessy"（不是斜体）指一个人。

当你在文章中首次提到一个案例时，应该使用该案例全称的缩写（例如，普勒希诉弗格森案）而不是简写式（例如，普勒希案）。另外，你应该始终在圆括号中提供判决意见书的年份而且提到判决该案的法院。例如：

In *Plessy v. Ferguson*（1896）, the Supreme Court held that racially segregated railway cars did not violate the Equal Protection Clause.
在普勒希诉弗格森案中，美国最高法院裁决种族隔离的轨道车辆没有违反共同保护条款。

如果你在下一句提到该案，则可以简单说"普勒希案"。如果你需要援引一个案例的特定页码，因为你要引用、释义或概括，那么应该使用一个现代语言协会格式或美国心理学协会格式援引的圆括号（或是任何你的格式要求的在正文中的标记）。以下是遵循上述规则的一个例子：

现代语言协会格式: In *Plessy*, the majority writes, "We cannot say that a law which authorizes or even requires the separation of the two races in public conveyances is unreasonable"（550–51）.
在普勒希案中，多数意见写道："我们不能说一项授权或是要求在公共交通工具上将两个种族隔离的法律是不合理的。"

美国心理学协会格式: In *Plessy*（1896）, the majority writes, "We cannot say that a law which authorizes or even requires the separation of the two races in public conveyances is unreasonable"（550–51）.

在普勒希案中，多数意见写道："我们不能说一项授权或是要求在公共交通工具上将两个种族隔离的法律是不合理的。"

因为案例名称已经在句子中给出过，所以圆括号中的内容不需要案例名称。圆括号中的内容需要发表该判决意见书的《美国最高法院判例汇编》中的准确页码。在援引一个案例时，你应该取得原始页码，因为这些页码已经存在而且公众可以得到它们。

一个案例的参考书目条目

学生手册常常提供不正确的援引法律案例的方法。现代语言协会出版的《现代语言协会格式手册和学术出版指南》告诉读者，在撰写有许多法源的文章时要参考"蓝皮书"。

美国心理学协会格式比现代语言协会格式更像"蓝皮书"。援引法院判决意见书条目的作品看上去像这样：

现代语言协会格式：[缩写案例名称，无下划线或斜体字]．[卷][判例汇编缩写][首页码]．[法院名称]．[判决年份]．[印刷本或网络]．

美国心理学协会格式：[缩写案例名称，无下划线或斜体字]，[卷][判例汇编缩写][首页码][（判决年份）]．

这里有几例：

现代语言协会格式：Plessy v. Ferguson. 169 U.S. 537. Supreme Court of the United States. 1896. Print.

美国心理学协会格式：Plessy v. Ferguson, 169 U.S. 537（1896）．

在这个援引著作条目中，"U. S."指《美国最高法院判例汇编》，它是发表美国最高法院判决意见书的最可靠的书籍。如果你要援引美国最高法院判例，可能的话，应该始终援引该汇编。

注意：虽然案例名称在正文中一般要用斜体字，但在以美国心理学协会格式和现代语言协会格式援引的参考书目条目中它们都不用。

援引案例时常见的错误

在作者援引案例时，会发生一些常见的错误。首先，他们常常在参考书目中提供案件号码（Docket Number）而不是案例援引。事实上，学生手册常常建议提供案件号码。下例是现代语言协会格式：

Lawrence v. Texas. Docket No. 02-102. Supreme Court of the United States. 2003. Print.

使用案件号码存在两个问题。首先，一个案件的案件号码通常指许多不同的文件。例如，一个案件号码可以包括该法院的多种裁决，因而会有多种书面判决意见书。提供案件号码会使对精确的要求失效，这就是为什么法律作者不用它来援引案例。其次，因为你不是援引一本特定的判例汇编，所以不能提供所引用材料的页码。

第二个常见问题是作者会在参考书目和圆括号的内容中提供撰写该判决意见书的法官或大法官的姓名，如下面现代语言协会格式的例子：

Kennedy, Anthony. Lawrence v. Texas. 539 U.S. 558. Supreme Court of the United States. 2003. Print.

在法律和修辞学术语中，法院判决意见书的作者是做出该裁决的法院，不是撰写判词的特定作者。法律写作新手有时相信，他们需要在参考书目或圆括号里的内容中指明该判决意见书中的哪一部分是其所参考的——多数意见、同意意见、反对意见，或是数个反对意见之一（如果存在的话）。你可以在文章的正文中表明你是指的判决意见书的哪一部分以及是由谁撰写的，而且应该这样做。但是在案例援引中，你应该去掉法官的姓名以及是否是多数意见、反对意见或是同意意见。

6.3 整合原始资料

使用原始资料对于研究是至关重要的，但是如何将那些原始资料放在你的文章中并非易事。在本节中，我们将学习如何在你的作品中适当介绍和融合原始资料以便原始资料与正文相得益彰并提供你需要的证据性支持。我们将以一个学生撰写的段落为例，一步一步审视它。

6.3.1 讲话者是谁？

成功将原始资料整合到你的作品中的第一步是发现讲话者是谁。你要援引的文章是谁写的？是谁管理该网站？哪一家法院撰写了该判决意见书以及是哪一位法官写的？

如果原始资料是法律杂志文章，切记要检索作者的身份。了解作者的身份有助于你确定该原始资料是否可靠以及作者是否具有说服力。大多数法律杂志文章在开始之处有一个脚注，由作者提供其个人简介。通常你会看到作者是位法学教授或是执业律师。你需要核查作者的个人简介，因为人们会变换工作或退休。查找法学教授的最简单方式是在互联网上键入作者的姓名。找到的首页常常是该人任教的大学的教授页（faculty page）。要找到由大学管理的网站，它是以".edu"（.教育）结尾的。在该网站找出作者的职称和专业领域。

如果作者的简介称其是一位"法律博士生"，那么在该文章发表时，此人是一名法学院学生。要找一下作者现在的职务是什么。如果作者是一位法律助理，因为该职务只持续一到两年，所以也要查一下。如果作者是一位律师，查一下他所在律所和他的专业领域。如果你不能找到增加作者权威的个人信息，那么可以称他为"法律学者"。

所有这些信息都可以帮助你确立作者的权威性。在以后的讨论中，我们将看到这种权威在撰写法律学术作品时是多么重要。

6.3.2　信号词语

就像我们学习过的那样，当你将一个原始资料——一段引文或一个他人详尽阐述的观点——放入一篇学术文章中时，你应使用一些特定的词语来介绍该引文或观点。例如：

> 托马斯·杰斐逊在《独立宣言》中断言"造物者创造了平等的个人"。

信号词语向读者显示你正准备展示他人的观点，从你自己的声音转到一个原始资料的声音。它们是将一个原始资料整合到你的作品中的关键。

以下是一些对你有帮助的动词。

表 6.1　信号动词

承认	指责	辩称	断言
坚称	要求	建议	争论
宣布	强调	写道	坚持
主张	声明	着重	确认

提示："引用"和"援引"

　　作者们在文章中介绍原始资料时常常误用这两个动词，错误地将它们用成信号词语。例如，"托马斯·杰斐逊在《独立宣言》中引用'造物者创造了平等的个人'。"或是，"托马斯·杰斐逊在《独立宣言》中援引'造物者创造了平等的个人'。""引用"和"援引"的意思不是"断言""说""声称"或是"写道"。援引意为参考一个原始资料，而引用意为使用他人的言语。

　　同理，引用是个动词。如果你是指他人的言语，应该使用引用的名词形式。（但是最后这个规则已经被惯常用法打败了。）

6.3.3　样板学生段落

　　在争点段落中，一旦有了一个主题句、一个论点和一个支持你论点的原始资料，你会怎么做？你将如何把那个原始资料放在你的段落中？以下是从我的学生沃尔特写的一篇研究文章中摘录的一个样板段落。让我们看一下沃尔特是如何很好地介绍他的原始资料并把证据整合到他的段落之中的。

　　这是沃尔特以现代语言协会格式撰写的一个整段。他的研究文章的中心论点为，布什总统和他的政府侵犯了关塔那摩被拘留者的由美国宪法赋予的权利。需要介绍并整合的原始资料是作者用来支持其立场的一篇有关在古巴关塔那摩湾拘留犯罪嫌疑人为非法的法律杂志文章。

Before I analyze how the executive branch has denied constitutional rights to detainees at Guantanamo, it is important to establish that the detainees do fall under the protection of the constitution.The Bush Administration has argued in *Rasul* that detainees at Guantanamo fail to fall under the protection of the Constitution due to the lack of sovereignty over Guantanamo.On the contrary, though, I would agree with Gerald Neuman of the *University of Pennsylvania Law Review* who claims that "extraterritorial rights of foreign nationals presumptively arise only in contexts where the United States seeks to impose and enforce its own law" (Neuman 2077).The question then arises of whether the U.S.'s occupation of Guantanamo falls under such terms.

在我分析行政部门如何否认了关塔那摩被拘留者的宪法权利之前，确认这些被拘留者是受宪法保护的是重要的。布什政府在拉苏尔案中辩称因为关塔那摩主权缺失所以这些关塔那摩的被拘留者不受美国宪法保护。与此相反，我同意《宾夕法尼亚大学法律杂志》的杰拉尔德·纽曼的观点，他主张"外国公民的域外权利推定只有在美国试图强加并实施其法律时才会出现"（纽曼，第2077页）。然后问题是美国对关塔那摩的占领是否属于这种情况。

现在让我们分析该段中的每一个部分，以便观察沃尔特是如何在其作品中有效使用原始资料的。

主题句

这是沃尔特在以上段落中的主题句："在我分析行政部门如何否认了关塔那摩被拘留者的宪法权利之前，确认这些被拘留者是受宪法保护的是重要的。"这个主题句非常有力：它叙述了该段落的论点是什么。沃尔特使用了"我"作为路标以指引其读者，并解释这段如何融于文章的较大的论点中。(更多关于"我"和路标的使用，请见第五章。)

提示："宪法"和"宪法的"

当指的是美国宪法这一文件时，"宪法"一词首字母始终需要大写。另一方面，"宪法的"一词是形容词，无须大写首字母。"宪法"一词在泛指宪法文件时，也无须大写首字母。

例如：Many countries have constitutions, but not all of these countries can be called democracies.

许多国家都有宪法，但是不是所有这些国家都可以称为民主国家。

证据性支持

沃尔特选择使用的支持这个主张的原始资料，在其援引文章页中是这样的：

Neuman, Gerald L. "Extraterritorial Rights and Constitutional Methodology After *Rasual v. Bush*." *University of Pennsylvania Law Review*. 153.6（2005）: 2073–2083. JSTOR. Web. 5 Mar. 2009.

该原始资料在段落中是这样出现的：

布什政府在拉苏尔案中辩称因为关塔那摩主权缺失所以这些关塔那摩的被拘留者不受美国宪法保护。与此相反，我同意《宾夕法尼亚大学法律杂志》的杰拉尔德·纽曼的观点，他主张"外国公民的域外权利推定只有在美国试图强加并实施其法律时才会出现"（纽曼，第2077页）。然后问题是美国对关塔那摩的占领是否属于这种情况。

这一摘录有几个问题。第一句因为确立了作者在其论点中的主要对手——"布什政府"——的立场，所以是好句。另外，因为沃尔特在其文章稍早部分已经提到过拉苏尔案，所以他在本段中使用案例的缩写名称是对的。如果该案例是被首次提起，那么他应写作"在拉苏尔诉布什案（2004年判决）中辩称"。

第二句有一个很好的开头，原因是在展示完他的对手布什政府之后，沃尔特通过信号短语"与此相反"转到他的立场上来。他使用纽曼写的一个原始资料来支持其立场。但是他没有正确地介绍其原始资料，因为他称纽曼是"《宾夕法尼亚大学法律杂志》的"，而这是完全错误的。纽曼不是为《宾夕法尼亚大学法律杂志》工作。他在哈佛大学法学院工作。在此需要明白两点。首先，杂志的名称和文章的题目通常不是确立一个原始资料的最佳方式。你应该代之以告诉读者讲话者是何人来确立讲话者的权威。其次，为了了解讲话者为何人，你需要检索讲话者。

回到我们的例子上来。如果你在互联网上检索"杰拉尔德·纽曼"这个名字，找到的头几个链接之一会是他在哈佛大学法学院的教授页。大多数教授都有由他们任教的大学管理的网站的教授页。教授页告诉你一个人任教的系、职称以及研究或教授的专业。

在纽曼这个例子中，他的职称是"国际、国外和比较法J.辛克莱·阿姆斯特朗讲座教授"。这是个长长的职称。大多数人的职称是简短的。纽曼的职称可能需要缩短才能放到文章中。这个职称告诉我们有关他的许多事情，如他主攻国际法，而且是一位极负盛名的教授，因为他有讲座教席。

该摘要经过修改可以有力地介绍这个原始资料，像是这样：

A contrary position is suggested by Gerald Neuman, a professor of international law at Harvard Law School. Neuman claims that "extraterritorial rights of foreign nationals presumptively arise only in contexts where the United States seeks to impose and enforce its own law" (2077).

哈佛大学法学院国际法教授杰拉尔德·纽曼提出了一个相反的立场。纽曼主张"外国公民的域外权利推定只有在美国试图强加并实施其法律时才会出现"（第 2077 页）。

在该句中，纽曼被正确地加以介绍而且信息详尽，为他提供了在这一主题上的权威。而且圆括号里现代语言协会的格式也是恰当的，因为在句子中已经提到过作者的名字，所以它被省略了。

原始资料的准确性

最后应考虑的一点可能是最重要的。你必须确保自己准确地使用一个原始资料，即充分了解原始资料建议的是什么，而且没有断章取义地使用材料。

下面是纽曼文章援引部分的原段落。我已经把关键部分以粗体字标出：

第三种可行方式出现在维杜格案的反对意见中，我称之为"相互义务"途径。**我在以前的作品中曾经维护过它**（第 2076 页的结束，第 2077 页的开始），**但是我同意它不是对外国公民的现行法律**。罗斯福曾在其文章中清楚地叙述过这个途径。相互义务途径假设美国宪法权利的延伸伴随着遵守美国法律义务的主张，因为权利框架被设计为将政府对顺从的要求合法化。这种权利和管辖权的相关性表明，宪法权利应该被假定适用于在美国境内的所有人，以及在无论何处的美国人。**但是外国公民的域外权利推定只有在美国试图强加并实施其法律时才会出现**。考虑到实施事实和可供的备选方案可能不同，因此不能必然得出一项宪法权利的适用在国内和国外——无论对于公民还是外国人——会产生相同的结果。

注意纽曼清楚地说明他将提出的法律选项不是现在的法律。这对于沃尔特意味着什么？纽曼的陈述不能用作对管理外国人的现行法律的评估。这就意味着那句"我同意纽曼的评估，即当美国试图将其自己的法律适用于外国公民时，这些公民具有美国法律下的权利"，必须改作"我同意纽曼的评估，即当美国试图将其自己的法律适用于外国公民时，这些公民应该具有在美国法律下的权利。但是，正如纽曼观察到的那样，这不是现行的法律"。

如你可能想象的那样，这一事实上的错误打击了本段的论点。整个段落必须重写。为了避免这个问题，你应该认真阅读你的原始资料。

6.4　援引主要法律文件

以下援引准则是对现代语言协会和美国心理学协会格式普通规则的补充。

现代语言协会准则使用现代语言协会规则，必要时吸收"蓝皮书"格式以补充这些规则。大多数写作和检索手册有关于政府文件和网上文件的条目。如果你想使用一个法源而在本书中没有列入，那么你可以参考这些条目。

一般来讲，美国心理学协会格式遵循"蓝皮书"提供的援引法律文件的规则。在某些情况下，这样做会使美国心理学协会援引更加困难，因为你需要既熟悉美国心理学协会格式又熟悉"蓝皮书"格式。在此，我提供了美国心理学协会基本准则，但是你需要用你自己的美国心理学协会格式手册和"蓝皮书"来补充它们。

在撰写参考书目条目和圆括号中的内容时，无论你使用哪一种引用格式，都要记住援引的三个目的：获得可靠证据、提供材料来源说明和留下检索足迹。

提示：测试检索足迹

如果你不确定参考书目条目是否完整，请一位朋友为你测试一下。将参考书目信息给你的朋友，看他能否容易地使用你提供的信息在网上找到文件。如果你的"检索足迹"易于遵循，那么大多数情况下援引会是正确的。

以下准则是围绕政府的三个机构，即司法、立法和行政，来安排的。所以，法院判决意见书和其他法院文件在先，立法材料居中，最后是行政材料。

6.4.1 法院判决意见书和其他文件

在美国有州法院和联邦法院，各自都有其规则，外国法院也有自己的规则。以下是援引各种各样的法律文件的一些规则。

首先，让我们学习法律"蓝皮书"引用格式、现代语言协会格式和美国心理学协会格式之间的主要区别。法律写作新手常犯的一个错误是他们模仿"蓝皮书"格式而不是遵循他们文章所要求的援引格式的规则。本表展示了这三种援引格式中常见的一些区别。要注意三种格式处理案件名称时是如何相似的。这是因为当现代语言协会和美国心理学协会援引法源时它们都向"蓝皮书"看齐。

表 6.2　引用格式比较

	现代语言协会	美国心理学协会	"蓝皮书"
书名	斜体字。主要词语的首字母要大写。	斜体字。第一个词的首字母要大写。	所有词语全部大写或小写。
书的作者	姓，名。普通字体。	姓，名要缩写。普通字体。	名和姓。所有词语全部大写或小写。
文章题目	使用引号。主要词语的首字母要大写。	使用引号。第一个词的首字母要大写。	斜体字。主要词语的首字母要大写。
文章作者	姓，名。普通字体。	姓，名要缩写。普通字体。	名和姓。普通字体。
杂志题目	斜体字。主要词语的首字母要大写。	斜体字。主要词语的首字母要大写。	所有词语全部大写或小写。常常缩写。
案例名称	在正文内用斜体字，在参考书目中用普通字体。	在正文内用斜体字，在参考书目中用普通字体。	在正文内用斜体字，在脚注中用普通字体。

在以下各节中，本书提供了以现代语言协会和美国心理学协会格式援引法源的准则。这里列出的法源并不完整。如果你遇到一个你不确定如何援引的文件，要记住尽量遵循你的引用格式并留下一个有力的检索足迹。

联邦上诉法院判决意见书

正如我们在第二章中所学的那样，当我们提到一份"法院判决意见书"时，我们说的是由上诉法院撰写的书面文件，该文件提供了该案的裁决和裁决的理由。联邦和州法院系统中都有上诉法院。

以下是援引联邦上诉法院判决意见书的基本规则，该意见书是由联邦上诉法院或美国最高法院撰写的：

参考书目条目

现代语言协会：[案例名称缩写，无下划线或斜体字].[卷][判例汇编缩写][首页码].[法院名称].[判决年份].[印刷本或网站，数据库和网站登录日期].

美国心理学协会：[案例名称缩写，无下划线或斜体字],[卷][判例汇编缩写][首页码].([如果不是美国最高法院，法院名称缩写][判决年份].)

圆括号中的内容

现代语言协会：([斜体字表示的案例名称简称][页码])
美国心理学协会：([斜体字表示的案例名称简称],[判决年份],[单页码或数页码][援引的单或数页码])

注意：在联邦上诉法院的美国心理学协会格式条目中，你必须在条目结尾的圆括号中提供判决年份和巡回法院号码，例如：(1st Cir. 1995)或是(9th Cir. 2006)。因为在现代语言协会格式中，作为所有法院判决意见书的条目的普通部分，你提供了法院的全称，所以就不需要再在圆括号中提供了。

熟悉发表判决意见书的判例汇编是有益的。就美国最高法院来讲，最可靠的（也是援引最多的）是《美国最高法院判例汇编》（缩写成"U. S. Reports"）。你应该始终援引该书，因为美国最高法院援引它。本书是唯一官方的、公开发行的判例汇编。美国最高法院判决意见书的判例汇编还有另外两种，《最高法院判例汇编》(*Supreme Court Reportor*)和《律师版》(*Laryer's Edition*)。但是这两种书是私人出版，权威性稍差。可是，有时你需要援引这些次要判例汇编。例如，如果一项判决太新，你就不能援引《美国最高法院判例汇编》，因为该书需要几乎一年时间才能出版那一判决。如果一项案例是新的，你将看到在援引中页码后面有空格。例如，在《美国最高法院判例汇编》第 539 卷出版之前，劳伦斯诉德克萨斯州案的援引会是这样的：539 U.S. __（2003）。如果你要使用一项新案例，应该从已经出版的判例汇编中援引。《最高法院判例汇编》就是次佳选择，并且它比《美国最高法院判例汇编》出版得更频繁。这两种案例汇编以及《律师版》的页码，均由 LexisNexis 律商网学术大全数据库提供。

就联邦上诉法院（亦称巡回法院）来讲，其判决意见书在《联邦法院判例汇编》（*Federal Reporter*）中发表。根据你援引的是哪一"辑"，《联邦法院判例汇编》缩写成 F.（第一辑）、F.2d（第二辑）或是 F.3d（第三辑）。《联邦法院判例汇编第三辑》（F.3d）发表最新的判决意见书。

联邦地区法院的判决意见书（称为"法院指令"）发表在《联邦法院判例汇编补遗》（*F. Supp.*）中。有关地区法院更多的内容，请见稍后讨论的"初审法院材料"。

要记住：在你的援引著作页或是圆括号中的内容里，不要使用撰写判决意见书的大法官的名字。在援引多数意见、反对意见或并行意见时要一视同仁，因为它们都是同一案例的一部分。无论你援引判决意见书的哪一部分，简单援引案例就行。

未发表的美国最高法院判决意见书

美国最高法院判决意见书在判决一年后才会在《美国最高法院判例汇编》中发表。但是，判决意见书在宣布之后立即会在网上以**法官判决意见书**（bench opinion，与 slip opinion，即**判决意见书单行本**同义）的形式发表。如果你就一个很新的案例写作，那么你必须援引法官判决意见书。

法官判决意见书与发表在《美国最高法院判例汇编》中的正式判决意见书的主要区别是：在法官判决意见书中，判决意见书的每一个部分，即多数意见、反对意见和并行意见是从第一页开始分开标注页码的。这就意味着在圆括号中你不仅必须提供案例名称（如果你在正文中没有提到它），而且还要提供你援引的判决意见书的那个部分。

现代语言协会格式例子: In Florida v. Powell (2010), the U.S. Supreme Court once again considered police Miranda warnings, writing that although the "four warnings Miranda requires are invariable, ... this Court has not dictated the words in which the essential information must be conveyed" (Majority Op. 8).

在佛罗里达州诉鲍威尔案（2010年判决）中，美国最高法院再次考虑了警察的米兰达警告，称虽然"米兰达需要的四个警告是不变的，……本法院还未就其必须传递实质信息的词语做出强制规定"（多数意见第8页）。

因为你援引的案例尚未在《美国最高法院判例汇编》中发表，便不能在该判决意见书的参考书目条目中提供开始页码。你只需键入一个空白行即可。加上一个URL（统一资源定位符）以加强检索足迹。

现代语言协会格式例子: Florida v. Powell. Bench Opinion. 559 U.S. Supreme Court of the United States. 2010. Justia.com. U.S. Supreme Court Center. Web. 5 May 2010. Available at: <http://supreme.justia.com/us/559/08-1175/index.html>.

州上诉法院判决意见书

州法院判决意见书通常发表在两种判例汇编中：州判例汇编和地区判

例汇编。地区判例汇编是由私人出版的，是国家判例汇编系统的一部分并被律师和法官广泛信赖。州判例汇编由各州出版，并只收录该州法院的上诉判例。援引地区判例汇编或州判例汇编中的任何一种都是准确和权威的。在援引州上诉判决意见书时，应遵循以上提供的联邦上诉法院判决意见书的格式。以下为一些现代语言协会格式的例子。

援引州判例汇编的例子：State v. Peterson. 337 N.C. 384. Supreme Court of North Carolina. 1994. Print.

援引地区判例汇编的例子：State v. Peterson. 446 S.E.2d 43. Supreme Court of North Carolina. 1994. Print.

这里的地区判例汇编是《东南地区判例汇编第二辑》。要注意援引这些判例汇编的特定标点和间距以便保证你援引得准确。在美国心理学协会格式中，就像你援引联邦上诉法院判决时那样，你必须提供法院细节和年份，但是只是在援引地区判例汇编时才这样做。在随后的第一个例子中，判例汇编的名称"北卡罗来纳州判例汇编"（"N.C."）告诉我们该案例是在其最高法院判决的，因为《北卡罗来纳州判例汇编》只报道其最高法院判决意见书。如果你援引《东南地区判例汇编》（*Southeastern Reporter*），必须像随后的第二个例子那样指明法院。

援引州判例汇编：State v. Peterson, 337 N.C. 384（1994）。

援引地区判例汇编：State v. Peterson. 446 S.E.2d 43（N.C. 1994）。

注意：每一个州都有如何缩写其法院名称的不同规则。当援引地区判例汇编时，请查"蓝皮书"的规则。

初审法院材料

初审法院产生大量的文件，但是在法律数据库中却很少可以被广泛获取。如果你检索一项审判，可能会发现审讯记录、许多由法官撰写的中间事务判决意见书（常常称为"法院指令"），以及律师撰写的审判律师法律理由书（trial briefs）或备忘录。

关于州法院材料，应使用由初审法院提供的案件号码援引这些文件。

现代语言协会格式：［诉讼各方名称］.［文件名称和日期］.［案件号码］.［法院名称］.［印刷本或网络，数据库（斜体字），以及登录日期（如果是网络）］.

美国心理学协会格式：［诉讼各方名称］,［文件名称和日期］,［案件号码］,［法院名称］.

联邦地区法院的判决意见书（称为"法院指令"）发表在称为《联邦法院判例汇编补遗》(*F. Supp.*)的判例汇编中。对于现代语言协会和美国心理学协会格式来讲，援引《联邦法院判例汇编补遗》就和援引《联邦法院判例汇编》一样。

在美国心理学协会格式中，要记住在圆括号内提供法院名称和法院指令的年份。例如，(E.D.N.C. 2003)指的是北卡罗来纳州联邦东区地区法院。"蓝皮书"中有这些缩写的完整列表。

对于**审讯记录**（Trial Transcript），即在审讯中说出来的每一个词的准确记录，就像后面叙述的"口头辩论"那样使用圆括号中的内容援引页码和行码。

外国法院判决意见书

外国法院使用许多编码格式来提及他们的案例。援引外国判决意见书需要你发挥一些创造力。如有可能，尽量遵循美国裁决的援引格式，但是使用外国法院的编码系统。这就需要平衡现代语言协会和美国心理学协会格式的要求以及外国法院的要求。幸运的是，这种平衡往往易于做到。另外，正文里的圆括号中的内容应采用同美国案例一样的格式。

以下为一项加拿大法院判决意见书的参考书目条目格式：

现代语言协会格式: Caccamo v. The Queen. 1 S.C.R. 786. Supreme Court of Canada. 1975. Judgments of the Supreme Court of Canada. Web. 5 Mar. 2009. Available at: <http://csc.lexum.umontreal.ca/en/1975/1976rcs1-786/1976 rcs1-786.html>.

美国心理学协会格式: Caccamo v. The Queen, 1 S.C.R. 786（1975）. Retrieved from: http://csc.lexum.umontreal.ca/en/1975/1976rcs1-786/1976rcs1-786.html.

申请书和法律理由书

当一方希望将裁决向高一级法院上诉时，它必须提出**上诉申请**（Petition for Appeal）。当向美国最高法院提出申请时，该文件称为"**调卷令**（Writ of Certiorari）**申请**"。当法院同意听取上诉后，诉讼各方律师撰写**上诉法律理由书**（称为"法律理由书"）并向法院提交这些文件。

这些法律理由书会列出各方的法律论点，而且长度往往在二十五到五十页之间。许多法律理由书在网上都可以查到，而且阅读法律理由书是学习各方用以支持其立场的法律论点的好方法。有时法院会在其书面判决意见书中援引法律理由书中的内容。

当你援引由案件的真实各方撰写的申请和法律理由书时（不是法院之友理由书，我们将在后面讨论如何援引这些文件），首先须提供案件名称，然后是申请或法律理由书的名称。文件的题目页将提供具体的题目。提供

URL 来指出在何处可以找到该文件以便留下有力的检索足迹。

参考书目条目

现代语言协会格式：Lawrence v. Texas. Petition for Writ of Certiorari. July 16, 2002. 539 U.S. 558. Supreme Court of the United States. 2003. *FindLaw*. Web. 5 Mar. 2009. Available at: <http://supreme.lp.findlaw.com/supreme_court/briefs/02-102/02-102.pet.pdf>.

美国心理学协会格式：Lawrence v. Texas.（2002）. Petition for Writ of Certiorari. 539 U.S. 558（2003）. Retrieved from: http://supreme.lp.findlaw.com/supreme_court/briefs/02-102/02-102.pet.pdf.

圆括号中的内容

现代语言协会格式：（*Lawrence*, Petition for Writ of Certiorari 22）

美国心理学协会格式：（*Lawrence*, 2002, Petition for Writ of Certiorari, p. 22）

口头辩论

在上诉法院对一个案件做出裁决以前，它通常会允许诉讼各方参加在法官面前的**口头辩论**（Oral Argument）。这不是审讯而是律师和法官之间的一个非常正式的对话。各方律师轮流演讲，辩论时间通常是每方约三十分钟。这些辩论由法庭记录员整理成记录。有时还要录音。对于重要案例，这些记录和录音都会在网上公布。美国最高法院案件的口头辩论也是要录音的，你可以在 Oyez.org 网站听到这些录音。（有关 Oyez.org 网站和其他检索数据库，请见第四章。）

援引上诉口头辩论与援引上诉法律理由书和申请类似，案件名称在先。为了加强你的检索足迹，你应该提供该辩论发生的具体日期和使读者可以在网上找到该信息的 URL。

对于圆括号中的内容，使用案件名称简称和"口头辩论"这一短语。如有页码和/或行码，要提供它们，并用句号隔开。

参考书目条目

现代语言协会格式: Lawrence v. Texas. Oral Argument. March 26, 2003. 539 U.S. 558. Supreme Court of the United States. 2003. *The Oyez Project*. Web. 5 Mar. 2009. Available at: <http://www.oyez.org/cases/ 2000-2009/2002/2002_02_102/>.

美国心理学协会格式: Lawrence v. Texas.（2003）. Oral Argument. 539 U.S.558（2003）. Retrieved from: http://www.oyez.org/cases/2000-2009/2002/2002_02_102/.

圆括号中的内容

现代语言协会格式：（Lawrence, Oral Argument 3.14）
美国心理学协会格式：（Lawrence, 2002, Oral Argument, p. 3.14）

法院之友理由书

有时法院允许诉讼各方以外的多方向法院提出法律理由书以期影响法院判决意见书。这些法律理由书由"法院之友"撰写，其拉丁文为amicus curiae。这些法律理由书简称为**"法院之友理由书"**（Amicus Brief）。在大多数情况下，这些法律理由书的作者是团体。有时作者为个人，通常是具有官方背景的个人，例如美国国务卿或是州长。无论是哪一种情况，撰写该法律理由书的真实律师的姓名不应是你提供的作者姓名。

与诉讼各方的把案件名称放在首位的法律理由书不同，法院之友理由书上列出的首先是倡议该法律理由书的团体，例如，全国有色人种协进会、美国公民自由协会、美国海军或是其他法律行动主义组织。（但是，不要在你的参考书目条目中使用首字母缩略词。）要提供常常位于审讯记录末页的日期。如果该法律理由书可在网上检索，要提供 URL 以加强你的检索足迹。

在圆括号中的内容里，把作者的姓名和页码放在一起。如果你在正文中设立了缩写或首字母缩略词，那么在圆括号中的内容里你可以使用其缩写。为了在正文中设立缩写，在首次提及该团体后，你可以简单将缩写放在圆括号中。像是这样："在他们为哈姆丹案提出的法院之友理由书中，美国公民自由协会（ACLU）辩称……"

参考书目条目

现代语言协会格式： American Civil Liberties Union. Brief Amicus Curiae of the American Civil Liberties Union in Support of Petitioner. January 4, 2006. Hamdan v. Rumsfeld. 548 U.S. 557. Supreme Court of the United States. 2006. *ACLU.org*. Web. 5 Mar. 2009. Available at: <http://www.aclu.org/scotus/2005/hamdanv.rumsfeld05184/233951gl20060104.html>.

美国心理学协会格式： American Civil Liberties Union.（2006）. Brief amicus curiae of the American Civil Liberties Union in support of petitioner. Hamdan v. Rumsfeld. 548 U.S. 557（2006）. Retrieved from: http://www.aclu.org/scotus/2005/hamdanv.rumsfeld 05184/233951gl20060104.html.

圆括号中的内容

现代语言协会格式：（ACLU 22）
美国心理学协会格式：（ACLU, 2006, p. 22）

6.4.2 立法材料

美国宪法

对于现代语言协会和美国心理学协会格式来讲，你应该援引在你的文章中使用的美国宪法的具体部分。如果你使用了宪法中的数个部分，那么在援引著作页中就要有数个条目。如果有条、节和款，要援引它们。

美国心理学协会格式：Constitution of the United States. Full Faith and Credit Clause. Art. Ⅳ, Sec. 1. Retrieved from: http://en.wikisource.org/wiki/Constitution_of_the_united_states.

现代语言协会格式：Constitution of the United States. Full Faith and Credit Clause. Art. Ⅳ, Sec. 1. *Wikisource*. Web. 5 Mar. 2009. Available at: <http://en.wikisource.org/wiki/Constitution_of_the_united_states>.

现代语言协会和美国心理学协会格式的圆括号中的内容：（Constitution of U.S., Art. Ⅳ, Sec. 1）

州宪法或外国宪法

如果你讨论另一个国家或美国一个州的宪法，要尽量遵循援引美国宪法的规则。在圆括号中的内容里提供条和节的号码。如果该文件可在网上查询，提供一个网站以加强你的检索足迹。

参考书目条目：［州（或国家）名称］.［文件名称］.［批准日期］.

美国心理学协会格式例子：California, State of. Constitution of the State of California. Art. I, Sec. 3. 1849. Retrieved from: http://www.sos.ca.gov/archives/level3_const1849txt.html.

圆括号中的内容：（［州或国家名称］，宪法［条和节］）

例子：（California, Constitution Art. Ⅰ, Sec. 3）

除了你必须加上该文件的网上获取信息以外，参考书目条目的现代语言协会格式是相同的。

联邦制定法

联邦制定法（Federal Statute）是由国会即众议院和参议院联合通过的法律。在国会通过一项法律后，总统必须签署使之成为法律。援引联邦法律是困难的，因为它们要发表三次。首先，当它们通过时，单独作为"单行法规"发表；其次，在每年出版的《制定法大全》（Statutes at Large）中发表；第三，在每六年出版的《美国法典》（United States Code）中发表。

这是出版的过程。在总统签署了该立法后，美国政府出版局将该法律作为单行本出版，称为"单行法规"。在每年年底，美国政府出版局将那一年的所有单行法规在《制定法大全》（SAL）中发表。《制定法大全》以年月顺序发表这些法律。此时，这些法律称为"法规汇编"。

众议院的一个机构，法律修正评议局，每六年将《制定法大全》中新的法律"法典化"，将它们整合进《美国法典》（USC）中。《美国法典》分为五十个"标题"或部分，按主题组织。因为国会的一项法令可以包括许多不同主题，该法令在法典化时被分成多个部分，每个部分被归在《美国法典》合适的主题下。

《美国法典》是联邦法律受欢迎的援引法源。你应该提供标题号码（从1到50），然后是"《美国法典》"，再就是"节"，随后是节号码。如果一项法律尚未法典化，那就改成援引"《制定法大全》"，在援引中其缩写为"Stat."。如果你援引《制定法大全》，你也必须要提供该法律的公法号码。幸运的是，对于著名的国会法令，维基百科提供《制定法大全》和公法号码以及法令的标题全称。（有关如何巧用维基百科，请见第四章。）

根据"蓝皮书",如果该法令因为包括许多标题而"散见"于整个《美国法典》之中,你也可以援引《制定法大全》中的成文法。在援引《美国法典》和《制定法大全》时,你也必须提供该法令的全称(如果有的话)和颁布日期。要提供 URL 以加强你的检索足迹。

《美国法典》格式:〔法令名称,和标题(如有必要)〕.〔标题号码〕《美国法典》〔节号〕.〔颁布年份〕.

美国心理学协会格式例子: Civil Rights Act of 1964, Title Ⅶ. 42 U.S.C. Sec. 2000e. July 2, 1964. Retrieved from: http://www.law.cornell.edu/uscode/.

《制定法大全》格式:〔法令名称,和标题(如有必要)〕.公法〔此处为号码〕.〔颁布日期〕.〔卷号〕《制定法大全》〔《制定法大全》号码〕.〔颁布年份〕.

美国心理学协会格式例子: Civil Rights Act of 1964. Pub. L. 88-352. 78 Stat. 241. July 2, 1964.

除了你必须加上该文件的网上获取信息以外,现代语言协会格式是相同的。

如果你在正文中设立了该法律名称的缩写,在圆括号中的内容里你就可以使用缩写。在你首次提及该法律名称时,便可以设立缩写。就在全称后面的圆括号内放入缩写。在圆括号中的内容里,一定要提供你引用的那一节的小节号。

"The Civil Rights Act of 1964(CRA)established that …"(CRA Sec. 2000e-1)

"1964 年民权法(CRA)确立了……"(CRA 第 2000e-1 节)

美国政府出版局提供在线的《制定法大全》，但是只包括那些尚未法典化的年份。你可以经康奈尔大学法律信息学院数据库获取《美国法典》。第四章提供了这两个网站的信息。

州制定法和地方命令

州法律的法典化要援引该州制定法。要遵循联邦制定法的格式。地方法令（Ordinance）是由城市和县政府通过的。一个援引法令的好方法是将它们视为以现代语言协会或美国心理学协会格式援引的网上或政府文件。有关援引网上或政府文件的准则请见你的格式手册。

6.4.3 国际法和条约

诸如联合国和国际货币基金组织一类的国际组织常常出版有法律意义的文件和协议。**条约**（Treaty）为国家间双边或多边国际协议。要尽力找到在线的条约正文并援引它以形成有力的检索足迹。如果可能，要援引由条约发起组织管理的网站上发表的条约正文。

对于国际协议和条约，你应该提供发起组织的名称（如果有的话）作为作者名称，并提供协议的题目和通过日期。你也应该提供获取该文件的 URL 以加强检索足迹。如果可能，要使用由实际撰写该文件的组织管理的 URL，因为该网站是最具权威的。

在圆括号中的内容里，提供该组织的名称作为作者，并提供你援引的文件的准确网址。

以现代语言协会格式援引的国际组织文件例子: United Nations. *Kyoto Protocol to the United Nations Framework Convention on Climate Change.* 1998. United Nations. Web. 5 Mar. 2009. Available at: <http://

unfccc.int/resource/docs/convkp/kpeng.html>.

圆括号中的内容：（United Nations Art. Ⅰ, Sec. 5）

以美国心理学协会格式援引的条约例子: Comprehensive Nuclear Test Ban Treaty. 1996. Comprehensive Nuclear Test Ban Treaty Organization. Retrieved from: http://www.ctbto.org/the-treaty/.

圆括号中的内容：（CNTBT, 1996, Art. Ⅱ, Sec. 1）

6.4.4 外国法律

当你援引外国法律时，应尽量用外国援引它们的方式援引它们。将国名作为作者。如该法律有名称，要提供它并译成英语；如果该国将它们的法律编了号码，要提供该号码以及颁布日期。如果可能，要在译文中提供 URL 以加强检索足迹。

在圆括号中的内容里用国家名称作为作者。如果有条和节的号码，一定要将它们包括进来。

美国心理学协会格式例子: France. Loi No. 2004-228 du 15 mars 2004 encadrant, en application du principe de laïcité, le port de signes ou de tenues manifestant une appartenance religieuse dans les écoles, collèges et lycées publics. Law No. 2004-228, enacted March 15, 2004, concerning, as an application of the principle of secularity, the wearing of religious symbols or garb in public schools. Retrieved from: http://www.legifrance.gouv.fr/affichTexte.do?cidTexte=JORFTEXT000000417977&dateTexte=.

例子：（France, Art. Ⅰ, Sec. 2）

6.4.5 行政材料

行政命令

行政命令（Executive Order）是由美国总统发出的命令。如果一项命令是属于总统的处理权或权利管辖范围，那么该命令就具有法律效力。要提供总统的姓名作为作者，并提供命令号码和签署的日期。要提供可以在网上找到该命令的 URL 以加强检索足迹。由政府管理的 URL 最具权威性和可靠性。因为政府管理的网站是以 ".gov"（.政府）结尾，它很好辨认。

美国心理学协会格式例子：Kennedy, John F. Executive Order 10925. March 6, 1961. Retrieved from: http://www.eeoc.gov/abouteeoc/35th/thelaw/eo-10925.html.

圆括号中的内容：（Kennedy, 1961, Sec. 301）

行政规章

行政规章（Administrative Regulation）是由政府机构颁布的规则。大多数联邦政府机构都属于行政机构。在这些机构中，有两大类。第一类称为"独立"机构。总统任命这些机构的首脑。它们包括联邦通讯委员会、证券交易委员会和公平贸易委员会。第二类包括行政部门。这些部门的首脑是总统内阁成员，包括财政部、国防部和农业部。由机构通过的规章在《联邦法规汇编》(*Code of Federal Regulations*，援引时用 CFR）中发表，这是你应该援引的书。在参考书目条目中要援引最新版本的《联邦法规汇编》。只要你在正文中设立了缩写，你就可以在圆括号中使用一个机构惯用的缩写。正如从下例中看到的那样，圆括号中的内容应包括《联邦法规汇编》的具体援引。

美国心理学协会格式例子：Federal Communications Commission. Broadcast Radio Services. 47 C.F.R. Sec. 73.201（1999）.

圆括号中的内容："The Federal Communications Commission(FCC) regulates all radio broadcasts in the U.S. These regulations stipulate that the FM broadcast band be divided into one hundred channels(FCC, 47 C.F.R. Sec. 73.201)."

"联邦通讯委员会（FCC）管理在美国的所有电台广播。这些规章规定调频广播波段应分成一百个频道（FCC,《联邦法规汇编》第47卷第73.201节）。"

6.5　试一试：检索和援引法源

为了练习你的援引技巧，写出以下文件的参考书目条目。使用你在第四章中学习的法律检索技巧，首先找出原始资料，很可能是网上的。然后，以现代语言协会或美国心理学协会格式中的任何一种使用本章中的准则写出正确的援引。

6.5.1　例子

1. The Due Process Clause

Constitution of the United States. Due Process Clause. Amd. XIV, Sec. 1.

6.5.2　现在你来试一试

提示：要先分辨出是哪一种文件，然后参考本章那一节中的援引准则。

（1）The Establishment Clause
（2）The Sarbanes-Oxley Act
（3）The Geneva Protocol of 1925
（4）*Roe v. Wade* opinion by the Supreme Court
（5）Any *amicus* brief authored for the U.S. Supreme Court case *District of Columbia v. Heller*（2008）
（6）The oral argument of the U.S. Supreme Court case *McCleskey v. Kemp*（1987）

第七章
写作研习会和修改

此时，你已经阅读了案例并且写出了判词摘要，检索了主要和次要法源，写出了论点大纲并撰写了文章草稿。虽然看起来像是干了很多事，但是你的工作还远未完成。现在你必须修改和改写你的文章。对于许多作者来讲，这是他们写作中最难的一部分。本章旨在列出你写作中的一些常见错误并且叙述修改原则，以帮助你使文章更加有力，以及使你的修改工作容易一些。

关于成功的修改，本书有三个建议。首先，要早动手写作以便你有时间在截止日期之前修改。其次，要在第一稿和修改之间留一些时间以便在修改时能以全新眼光看待文稿。第三，请他人以阅读和点评你的稿件的方式助你一臂之力。因为这些建议对你的修改工作至关重要，所以它们在本章中会一直重复出现。

正如写作基本上是一项修辞工作，修改亦然。本章的许多建议都是基于听众构建的，例如："听众会从你的文章的段落中得到什么？""考虑到法律话语的复杂性，听众会抓住你的论点吗？"要记住，如果一位听众真心实意地阅读了你的文章但是误解了它，你必须承担责任。当一位读者承认误会了你的文章，要感谢他，因为你将有机会修改令人误会的那部分。

考虑到听众在修改过程中的重要性，在修改中与读者一起工作是至关重要的。基于该原因，许多写作教师要求学生们在小组或"研习会"中一起工作来阅读和修改各自的作品。许多专业作者也与读者一起工作，在手稿以文章和书的形式发表之前交换他们的手稿。对于作者来讲，没有比一位好读者更有价值的了。因此，本章中一大部分内容将致力于在修改中与读者一起工作。

本章首先展示常常使法律写作新手犯错的法律话语的怪癖。第二节将提供在任何学术领域改进学术写作的实用小建议。第三节在修改你的作品的整个过程中指导你。最后一节提供与一个写作小组一起工作和管理写作研习会的准则。

7.1 法律话语的怪癖

对于学术写作新手来讲，会有许多常见的问题，尤其是当他们处理不熟悉的题目比如法律时。法律题目似乎让作者特别易于犯错。在试图处理其文章中高深的法律概念时，一些作者会意外地将他们的语言变成充满行话的、不准确的而且杂乱无章的篡改之作。这种事情常常发生，因为学生试图模仿充斥着而且常常是混淆了法院判决意见书、判词摘要、合同、制定法和其他法律文件的法律语言。这些作者错误地认为，如果他们的作品听上去很复杂，那么这听上去更加有"法律"味道的作品会让其读者们印象深刻。

莫测高深的法律用语（Legalese）是那些充斥并混淆法律文件的法律行话和句法的总称。它是由多种语言怪癖构成的。例如，当单个词语就能解决问题时，律师们却喜欢用成对的同义词和介词短语。虽有同义的普通词语，他们还是倾向于自己行业中的特定行话。另外，他们倾向于使用名词化和被动语态的动词，而不是主动语态的动词。

绝对没有必要将你的语言复杂化或是"法律化"从而使你听上去像是一位法律专家。最佳法律作者使用的是非法律专家都能够轻易明白的语言。事实上，在过去的四十年间，法律写作经历了被称为**"易懂的英语"**运动（Plain English Movement）的复兴。在 20 世纪 70 年代，联邦政府开始鼓励撰写规则的作者使用不太官僚化和不太模糊的语言。在 1998 年 6 月 1 日，克林顿总统发布了"在政府写作中使用易懂的英语的备忘录"，他在该文中表示有必要"使政府在与公众的交流中反应更快、更易接近和更易明白"（第 1010 页）。因此，克林顿指示"联邦政府的作品必须使用易懂的英语"（第 1010 页）。即使不是大多数，许多政府文件的作者都是律师。

易懂的英语运动也席卷到法律行业。易懂的英语表明法律写作中修辞学的转变，即从作者到读者的转变。律师们不再假设文书是写给像他们自己一样的听众。法律作者们认识到，他们的听众范围要大得多，包括许多没有上过法学院的人们。

为了使易懂的英语进入你有关法律的学术作品中，要记住，你的目标听众包括学术同事和可能在学术杂志中阅读你的作品的学术人士。所以，你的听众不仅是给你布置作业的教授。另外，你不是为自己或是像你一样有专业知识的人写文章。许多在你的学术团体中的人并不熟悉高深的法律概念和词汇。如何确定你使用了易懂的英语来解释复杂的法律概念呢？要问你自己，"我如何在谈话中向一位学术同事解释这个概念？"试一下"室友测试"。请你的室友、配偶、朋友或同事读一下你担心的段落。然后，让他们用自己的语言向你解释对这些段落的想法。他们的解释有多准确？以下是一些在法律写作中常见的问题。头几个问题有关莫测高深的法律用语，你要尽力从作品中除去它们。另一些是法律写作新手们常见的误会和误用。

7.1.1 成对的同义词

法律写作中最令人困惑的方面之一是使用一对同源词，亦称成对的同义词。当一位作者将两个同义的词放到一起使用，并以"和"连接时，**成对的同义词**（Paired Synonyms）就产生了。像是这样：

禁止（cease and desist）

自由（free and clear）

给予（give and bequeath）

继承人（heirs and assigns）

遗嘱（last will and testament）

撤销（revoke and cancel）

坚持（to have and to hold）

律师们使用成对的同义词的倾向是法律语言最受嘲笑的方面之一。

有关律师们为何如此行文有几个理论。第一个理论将使用一对同源词归罪于诺曼人对英格兰的入侵。律师们被迫将一个法语词和一个英语词联用，以便诉讼各方都能够了解所发生的事情。但是这一理论解释不了所有普通同源词，因为在一些同源词中，两个词均来自英语或是法语。第二种解释声称联用听上去正式、重要甚至具有诗意，律师们因为它们好听而喜欢用。

第三个解释认为律师们使用成对的同义词是因为他们懒得改变，他们持续从其祖先那里复制这些语言，而其祖先使用了成对的同义词。律师们相信过去有用的现在也会有用。

7.1.2 介词短语

当一个词就够用时，律师们常常使用介词短语。例如：

我们的客户在现阶段不愿意考虑该报盘，但是他们有意在今后的时候考虑。

该例有不止一个不必要的介词短语。以下是用单个词替代短语重写的句子：

我们的客户现在将不考虑该报盘，但是他们有意今后考虑。

以下是一列短语和它们的替代词：

在现阶段（at the present moment）= 现在（now）
在今后的时候（at a later time）= 今后（later）
不愿意（is unwilling to）= 将不（will not）

第一个和第二个短语是介词短语。用单个词替换不必要的介词短语显得作品文雅而且对听众来讲更易懂。第三个短语使用了名词化的动词，这是另一种法律写作的常见问题，我们随后将审视它。

7.1.3　名词化和被动语态的动词

当作者将一个动词转变成一个名词，然后使用该动词"是"（"to be"）的一些形式来组成一句话时，**名词化的动词**（Nominalized Verb）就产生了。例如：

The bicyclist was in a collision with a car.
骑自行车的人与一辆车撞上了。

本句的动词是"was",为动词"to be"的一种形式。对本句的有力改动是把名词化复原到一个动词:

The bicyclist collided with a car.
骑自行车的人撞上了一辆车。

本句额外的好处是使用了更少的词且更易于读懂。大多数读者也同意第二句的动作在读者头脑中创造了一个影像——一个视觉印象——这有助于读者记住该段落的内容。

被动语态的动词(Passive Verb)为一个动词的过去分词加上"to be"的一些形式。带有被动语态的动词的句子可能令人感到混乱,因为句子的主语或是不见了或是以介词短语的形式放在了句子的末尾。在下例中,主语不见了:

Joe's watch was stolen.
乔的手表被偷了。

本句中没有表示清楚是谁偷了那只手表,你应在法律写作中尽力避免不清楚或是不准确。在下例中,主语被放在了句子的末尾:

Joe's watch was stolen by Mary.
乔的手表被玛丽偷了。

本句应改为将玛丽置于主语位置,而且使用一个主动语态的动词,而不是一个被动语态的动词：

Mary stole Joe's watch.
玛丽偷了乔的手表。

被动语态的动词使人困惑而且用词累赘，要尽量避免使用它们。但是，有时却需要使用被动语态的动词，因为我们不知道主语是什么。如果我们不知道是谁偷了乔的手表，那么被动语态的动词结构可能是好的。但是，使用一个主动语态的动词写出这个句子甚至会更准确：

An unknown thief stole Joe's watch.
一个未知的小偷偷了乔的手表。

作者有时使用被动语态的动词因为他们力图有礼貌。他们不想对主语指名道姓，因为那样做句子的口吻可能是指责性的。例如：

Women are forbidden from joining Augusta National Golf Club.
妇女们被禁止加入奥古斯塔高尔夫球俱乐部。

当你阅读该句时，你能说出是谁禁止妇女们加入该俱乐部吗？为什么作者选择以这种方式构建该句子呢？可能这样说比起以下这句话来不那么具有指责性而且更有礼貌些：

The male members of Augusta National Golf Club forbid women from joining.
奥古斯塔高尔夫球俱乐部的男会员们禁止妇女们加入。

从该句中读者们了解了主语是什么，即谁在禁止。虽然第一句似乎不那么具有冒犯性，但是它也是不准确的。作为一名法律方面的作者，你的工作是做出准确的观察。不要为了礼貌而牺牲准确和清楚。

但是如果你是一名律师，正在就一个要点向法官辩论，礼貌无疑同准确一样重要。不要告诉法官："你判得不对。"一位律师可以这样说："该判决是不正确的。"第二句不太准确，因为它去掉了做出裁决的那个人的身份（那位法官）。不过它比冒犯别人还是要好些。

7.1.4 "判例"

法律写作新手在许多方面误用"判例"这个词。首先是何时使用单数或是复数形式。在美国法学中，"判例"（单数）是指影响法院当前判决的所有案例。许多不同的案例（复数）构成了当前案件的判例（单数）。

这样一来，"判例"一词同"历史"一词类似。有时我们说"多个历史"，但是更多时候该词是用作单数。我们不常说"美国几个历史"。单数用法指的却是许多案例这一点常常使法律写作新手感到困惑，他们写出这样的句子："为了支持我的论题，我将研究多个导致布朗案判决的判例（复数）。"

要记住：有很多案例影响了布朗案的判决，但是只有一组案例构成了判例。当讨论影响许多当今案件的以前案例时，可用"判例"（复数）。

法律写作新手误用"判例"的第二种方式是与其他字词混淆。不要将"判例"（"precedent"）同"优先权"（"precedence"）混淆。虽然英国的威廉和亨利王子对优先权感兴趣，但法律写作新手应该避免该词。另外，要避免混淆"判例"（"precedent"）和"总统"（"president"）。

7.1.5 介绍案例

当你首次在文章中提及一个案例时，必须告诉读者该案例的全称、该案判决的年份和审判该案的法院名称。法律写作新手常常不提供该案判决的年份和审判该案的法院名称。要记住：从案例的名称中不太好确定审判的法院。一定要提及是否是美国最高法院、联邦上诉法院或是一家州法院审判了该案。例如：

在布朗诉教育厅案（1954年判决）中，美国最高法院裁决基于种族隔离的学校在本质上是不公平的。

将判决年份放在圆括号中为读者快速而且有效地提供了该信息。在首次介绍了一个案例之后，使用案例简称布朗案即可。

注意：在美国心理学协会格式中，你必须为你提及的所有法源在圆括号中提供年份而不只限于法院判决意见书。

7.1.6 试一试：使用易懂的英语写作

以下是用莫测高深的法律用语撰写的一个段落。看一下你能否将它"译成"易懂的英语：

At the final conclusion of the office meeting, John and Joe were observed departing the building by Mary. John and Joe, after entering a motor vehicle, a 2000 Ford Taurus, were in a collision with another motor vehicle, a small white pickup truck. For the reasons stated herein, John and Joe could not have committed the crime at the bank, which occurred at this same point in time, because they were otherwise engaged in the office meeting and the aftermath of the motor vehicle collision. Mary will attest and swear that the above events occurred and are true.

在办公会议最后结束以后，约翰和乔被玛丽看到离开了大楼。约翰和乔在进入了一辆汽车一部2000年的福特金牛以后，与另一辆汽车一部白色皮卡相撞。因为在此陈述的原因，约翰和乔不能在银行犯下该罪，该罪行发生在同一时间，因为他们还在开办公会议而且此后发生了车祸。玛丽将作证并宣誓上述事件确实发生了而且真实无误。

7.2　优秀学术写作的实用小建议

本节展示了加强学术写作的一些建议。这些问题不只是法律写作才有。对于许多领域的学术写作新手来讲，这些都是常见的问题。

7.2.1　主题句和路标

主题句和路标句帮助读者通读你的研究文章。这些句子会发挥许多作用：带领读者通读你的文章并且将一个段落中的材料与你的支配性论题或论点相关联。对于写作新手来讲，段落的首句实际上常常是这些段落的第二句。换句话说，你可能需要在已经完成的段落第一个句子之前加上一个主题句。

当你校对文章时，要查看主题句并确定它们发挥了全部作用。如果它们没有发挥作用，要在段落开始处加上另一个句子。在本章稍后部分，我们将讨论单独阅读段落的主题句问题，看它们是否为你的整篇文章提供了充分的概要。

要问一下自己，是否需要加上一个路标句以帮助读者看到你的论点之间的关系。（有关更多主题句和路标的内容，请见第五章。）

7.2.2 "清晰地"

一位宪法教授曾经告诉他的学生们，要小心司法判决意见书中的"清晰"一词，"因为接下来的论点将是根本不清晰的"。这位教授的意思是，法律作者甚至是美国最高法院大法官们依靠"清晰"这个词来强调一个实际上是无力的和引起争议的论点。

"清晰地"、"清晰"和其他类似的词和短语在法律写作中应该极少使用。其原因有关修辞学。法律作者们对于有争议的主题进行理由充分的、深思的和彻底的辩论。在法律中罕有什么是"清晰的"或是确定的。

该规则既适用于学术法律写作又适用于专业法律写作。如果在研究和写作中你审视的问题的答案是"清晰的"的话，那么你就无须就此写作了。如果一个案件的裁决是明显的，那么该法院一开始就不会审理该案件。

以下是有关"清晰地"的规则：优秀的法律作者承认微妙和复杂，因为他们要面对的争点是复杂和有争议的，从来不会是"清晰的"。

以下为应避免的短语表：

清晰地 / 这是清晰的
明显地 / 这是明显的
显而易见地 / 这是显而易见的
毫无疑问地 / 这是毫无疑问的 / 毫无疑问
清楚地 / 这是清楚的

7.2.3 编辑的夸张法

夸张法（Hyperbole）是语气问题，当作者夸大其立场以便引起读者强烈的感情反响时会发生。问题是夸张法是不准确的，而且它会赶走不同意作者立场的读者们。

"编辑的夸张法"是报纸社论版面作者和社论新闻节目主持人的通病。这些讲话者含蓄地声称他们是在报道准确的信息——归根到底,报纸和新闻节目的工作就是进行报道。但是,这些讲话者以夸张法破坏了新闻报道的更加客观或理性的语气,使读者感受到了某些情绪,通常是愤怒或害怕,以便鼓动他们采取行动。

编辑的夸张法在学术作品中无立足之地,但是法律写作新手们常常试图使用该方法。归根到底,许多学术法律作品建议改变我们的法律制度,而在读者中引发强烈的感情反响似乎是鼓励采取这些改变的一种有效方式。另外,许多这些改变将会直接影响到现实中人们的生活,而且这种影响常常会引发感情反响。

要记住:作为学者,你永远不要为了感情而牺牲准确。要努力将夸张法排除在你的作品之外。

下面是一名学生关于饮酒法定年龄的法律学术作品中编辑的夸张法的例子:

> 要求大学生等到二十一岁时才饮酒是极大的不公。因为他们不被允许在兄弟会上与他们年届二十一岁的朋友们一起饮酒。

上例中的夸张法在于"极大的不公"这一短语,因为这一短语是对饮酒法定年龄法律中所假定的错误的夸张。使用该夸张实际上削弱了作者的论点。与听上去是有关饮酒法定年龄法律和政策的一篇理由充分的文章不同,该文章听上去像是给大学校报编辑的一封信。

你应为之努力的语气是一种评论性的距离,即一种显示出你与你的材料具有足够的感情距离从而能够以一种评论性的和客观性的眼光来触及它的语气。评论性的距离为你提供了很大的权威性,因为作为作者的角色你是客观的——即使你一点儿也不"客观"。编辑的夸张法毁坏了评论性的距离,因为你的论点听上去是不合理的、为感情驱动的,而且不准确。

回到之前的例子,大多数读者会同意将法定饮酒年龄定在二十一岁几乎不可能是"极大的不公"。极大的不公的一个例子应是一名无辜者因他没有犯下的谋杀罪而被处决。该句话应改写为:

> 要求大学生等到二十一岁时才饮酒造成了社会负担。因为他们不被允许在兄弟会上与他们年届二十一岁的朋友们一起饮酒。

"造成了社会负担"这一新短语,虽然不那么受感情驱使,但给予了作者更多的可信度,因为它更准确而且更易于证明。

7.2.4 陈词滥调

陈词滥调(Cliché)是那些因使用过度而失去其含义的短语。例如,"像婴儿那样熟睡"是何意?"像图画那样美丽"?"血"会"浓于水"?虽然这些短语或是不准确(婴儿睡得不好)或是怪异的(谈论血的浓度),但是我们总是使用它们。由于陈词滥调不准确或是语义不清,你不应在学术作品中使用它们。

处理法律主题时有许多陈词滥调。虽然这些陈词滥调源自某些特定的事实性例子——在我们的法律体系中你被证实无辜之前是有罪的——但是作者们却在不恰当的情景中使用它们。

> 司法是盲目的。
> 被证实无辜之前是有罪的。

在法庭中获胜。

笔胜于剑。

首先发难。

在下例中，作者使用了陈词滥调而不是明确指出他要表达的意思。

  在美国许多社会保守人士谴责实施堕胎手术的医生们，声称堕胎即谋杀。但是，这些保守人士不应首先发难，因为已经有太多的实施堕胎手术的医生被反堕胎主义者谋杀了。

  作者使用"首先发难"是何意？其意难以明确说出来，但是谋杀因实施堕胎手术而犯了谋杀罪的医生的论点却可能是虚伪的。在此，使用陈词滥调造成了语义不清，该段落应重写。以下为经改写的将陈词滥调去除后的段落。注意改写之后该段落变得准确了。

  在美国许多社会保守人士谴责实施堕胎手术的医生们，声称堕胎即谋杀。但是，当这些保守人士默许极端反堕胎主义者谋杀实施堕胎手术的医生时，他们是虚伪的。

7.2.5 格式问题

  许多格式问题可以通过恰当使用文字处理软件而克服。在本节中，本书指的是微软 Word 中的指令。在诸如苹果页面和开放办公室的其他文字处理软件中，也有许多以相同或类似形式存在的指令。

字体

要选择与大多数计算机软件程序兼容的一种字体。例如大多数计算机能够显示 Times New Roman 字体、Arial 字体、Georgia 字体和 Courier New 字体。使用一种标准字体能够使你与同行共享你的作品以便获得修改的机会。此举也使你能够通过电子邮件向杂志编辑投稿而不必担心你的字体在该编辑的计算机上显示异常。

分页符

使用文字处理软件中的"分页符"功能将参考书目或援引著作页或文章的其他部分分隔开。**分页符**（Page Break）为文字处理软件的文档中一个不显示的标记，它告诉打印机从分页符设置处分页而不是在纸张自然结尾处分页。如果你使用分页符，你的援引著作页将总是在紧接着文章结尾处的下一页顶端开始。

不要简单地使用回车键增加字距以使援引著作页从新的一页开始。虽然此举在你的计算机上看没有问题，但是由于微妙的技术变化会造成字距改变，常常会使你的文章在他人的计算机上出错。因为分页符为文本中的永久设置，所以无论在谁的计算机上它的显示效果将会是相同的。

页眉

你应将自己的名字和页码放入文档的"页眉"部分。通常在文字处理软件的"插入"菜单栏中可找到页眉。在页眉中放置的文本将出现在文档的每一页中。

要记住查找你的格式手册以便确定页码的恰当格式。现代语言协会格式要求页眉右对齐（在页的右上角）并在每一页上包含作者的姓和页码。美国心理学协会格式要求题目均要大写、左对齐，而且页码要右对齐。

文字对齐

不要将你的文档文本设置成两端对齐。两端对齐造成页面右面的文本垂直对齐，此举会使每一行的字距不一致。例如，报纸栏目要两端对齐。任何法律文件都不应两端对齐。许多法庭和法律杂志明确指出文本应该像现代语言协会格式和美国心理学协会格式要求的那样左对齐。

悬挂式缩进

在现代语言协会格式和美国心理学协会格式中，参考书目页必须有悬挂式缩进。**悬挂式缩进**（Hanging Indent）是指每一段的首行从页边空白处开始，随后的每一行均要缩进半个英寸（1.27厘米）。每一个援引著作条目都要另起一段。

有些学生使用标签按钮来设置悬挂式缩进。此举会使你的文本在另一台计算机上打开时或是你改变字体类型或大小时出现格式问题。这会使你的标签字距受影响，会使你的援引著作行出错，还会使许多短的行和空格错置。要使用文字处理软件为你的文本设置缩进。

设置悬挂式缩进时，要突出显示你的援引著作页中的所有条目。找出"格式"菜单，然后选择"段落"，并打开大窗口。在"特殊"栏目下，选择"悬挂式缩进"，然后将缩进设置为 0.5"。你也可以手动设置悬挂式缩进，方法为将"首行"的缩进设置为 –0.5" 并将普通行缩进设置为 0.5"。

7.3 修改

许多作者害怕修改。可是你应该利用它。修改为你提供了改正作品中在思路或语言上的任何错误的机会。它是第二次（或是第三次或第四次）

改正的机会，在生活中我们罕有第二次机会。

成功修改的第一步是了解什么是修改。许多写作新手将修改和编辑或校正混淆了。**修改**（Revision）不是校正，它是对你写作项目每一部分的深度再思考。"修改"意为"重新看"——重新审视该项目。只有在你已经完成修改后，你才能开始编辑（改正拼写、语言和标点的小问题）以及校对（检查打字排版错误）的程序。

修改的最大挑战是能够以崭新的目光对待你的作品以便能够"重新看"。在某些情况下，作者不可能重新审视其作品，只有外人才能办到。有鉴于此，你应该请朋友们阅读你的作品并大度地接受他们的评论。

有时你没有机会和朋友、同行或同事一起修改自己的作品。如果是独自修改，你就只好自我批评了。但此举是困难的。以下为可以帮助你更容易地重新审视自己作品的三个原则。

7.3.1 早动手

在写作过程中，时间是你能够给予自己的最佳利器。作者们常常是因为时间不够用而交上敷衍之作。如果你接到了写作任务，要立即开始检索并开始打草稿。要力争在完成任务的时间过半之前完成草稿。换句话说，如果你有两周时间完成写作，要花上一周准备第一份草稿，用第二周修改和编辑该草稿。这就是草稿写作原则中的"百分之五十"的原则。在你的日历中要标上任务完成日和百分之五十完成日，然后按照计划行事。

7.3.2 重新看

时间会让你重新审视自己的作品。在你完成第一份草稿后，将该稿搁置至少二十四小时，越长越好。之后当你再看该稿时，你的错误会变得更明显一些。

如果你没有时间，仍然有其他方法来重新审视。以下为一些建议。

大声朗读

教师和写作中心辅导员给予写作新手们最普遍的忠告之一为：大声朗读自己的作品并倾听以便找出错误来。大声朗读鼓励你缓慢阅读，另外，它迫使你对自己的作品既听又看。当你修改时，两种感官比一种感官效果更佳。

阅读你的主题句

通读你的文章并阅读每一段落的首句。更好的方法是将你的主题句抄写在另一张纸上以便它们能够构成一个段落。这个段落应为你的文章的良好总结。如果它不是这样的话，要重写你的主题句。

使用一把尺子

为了更易于发现打字排版错误和其他错误，用一把尺子盖上你正在阅读的那一行以下的正文。尺子会使你专注于面前的字词并防止被随后的正文分心。

7.3.3 使用修改清单

许多作者发现使用修改清单很有帮助。使用你的教授、同学和布置的阅读中提供的准则作为你的修改清单。

为了明确你修改作品时的重点，要先从你的教师给你的作业要求开始。其次是你的课堂笔记，在笔记中（希望）你写下了教师在本学期中提出的任何实用小技巧和建议。第三是本书和你的教师布置的其他写作手册。

以下为一个修改清单的样板，你可以直接使用它或是修改一下来满足你的要求。许多作者发现多次阅读一篇草稿是有益的，每一次可以关注修改清单中列出的一个不同部分。

☐ **修改清单**

导论
　☐ 吸引手段
　☐ 学术对话
　☐ 中心论点
　☐ 方法论

段落组织
　☐ 主题句
　☐ 原始资料介绍
　☐ 总结 / 解释 / 应用
　☐ 路标

语言和用法
　☐ 避免莫测高深的法律用语
　☐ 避免被动语态和名词化的动词
　☐ 避免陈词滥调、夸张法和"清晰的"词语

现代语言协会引用格式（或美国心理学协会引用格式等）
　☐ 圆括号中的内容
　☐ 援引著作条目
　☐ 页眉：名字和页码
　☐ 纸边空白，字距，字体

7.3.4 请朋友帮忙

重新审视你的作品的最佳途径是请朋友阅读你的全部或部分草稿。邀请你的朋友、配偶和室友，即任何接受你的阅读邀请的人。

当朋友们答应帮忙后，你需要为他们帮助你提供方便。要打印出清晰的文章稿件，并且要隔行打印，以便朋友们可以在空白处写下他们的评论。为了使他们能够仔细阅读，要给上至少几天的时间。最后，你应该给朋友们一份有关你的正文的具体问题的列表，就是那些他们在阅读时要关注的内容。当为朋友准备"读者清单"时，刚刚提供的作者修改清单可以作为一个良好的开端。

许多学院和大学都有配备辅导员的写作中心，常常通过预约来帮助学生的写作。你应该问一下教师有关写作中心的情况，并将该中心的网站在计算机的浏览器中标注下来备查。使用写作中心的学生会有较少的打字排版错误而且会有更好的布局谋篇。写作中心的辅导员们不会为你编辑或是校对作品，他们将教授你如何自己去做这些工作，而这是一项更有价值的服务。

本章的下一节会介绍写作研习会，即写作小组。要记住：让朋友们阅读你的作品的最佳办法是你主动提出阅读他们的作品。

7.4 写作研习会

写作研习会（Writing Workshop）是朋友们或同事们聚在一起阅读和评论各自作品以便能够改进其作品的小组。有时写作教师要求学生们在写作研习会中一起工作。如果你被要求在课堂上的小组中审视自己的作品，或是主动选择和课外的一组学生共同阅读你的作品，以下为一些可能用得上的修改的准则。

7.4.1 计时

要确定你想在审视全体组员的作品上总共花多少时间，以此除以你的小组中作者的人数。可以使用你的计算机、手表或是手机中的秒表功能。所有作者都会得到他们分配的时间，不多不少。需要注意的是，通过为各位组员的正文提供大量的观察和建议，每一位作者都在整个过程中获益。光静坐不作为毫无益处。不要害怕提出建议。

7.4.2 大声朗读

开始时，一位作者将被审视的作品大声朗读给组员们。在理想状态下，每一位作者会给每一位组员带来自己的正文复印件。更好的情况是，你可以将自己的正文用电子邮件发给每一位组员，他们可以在计算机上跟踪作业，在你朗读时随手打上他们的注释。在一位作者朗读完之前，组员不应打断他。组员们应该在他们的复印件上做笔记并准备好提出评论。当一位作者朗读完之后，小组开始评论阶段。

如果你与组员们要审视一篇较长的文章，你们应轮流一段一段地审视而不是一次读完整篇文章。要一次一段地审视每一位组员的文章。

这是一个慢功夫。例如，如果一位组员需要五分钟来审视一段，你的小组中共有四个人，那么要审视每一位作者的一个段落就需要占用小组二十分钟的时间。在计划小组开会的时间时要记住这一点。

7.4.3 提出赞扬和批判

组员们应该告诉作者们他们的长处和短处。一味表扬或是一味批评都是无益的。一定要尽量具体些。当组员们评论时，那位作者应保持安静而不应打断评论。该作者应准备一张白纸或是在文字处理软件中打开一个空白文档以便在组员们提出建议时做记录。在组员们评论完后，该作者才能讲话，而且他只能是为了澄清而提问。

以上规则的道理很简单。当作者的作品受到批评时，他们常常感到需要为其作品辩护并解释他们为什么会出错。此举简直是在浪费时间。当受到组员们批评时，无须辩解。而应感谢他们花时间看你的作品。（如果你不确定要从组员们的作品中找出些什么，要回顾一下前面有关自我修改的那一节中的"修改作品时的重点"。）

7.4.4 要具体化

有时带着对你的组员们提出的具体问题到写作研习会是有益的。例如，如果你对主题句感到困惑，要让他们了解以便其能够对此予以特别关注。

同理，当你评论他人的作品时，最有益的评论是那些具体、实在的忠告。告诉一位作者有一句话令人不解是有益的。准确地告诉那位作者该句话是如何令人不解的以及如何修改会使人受益匪浅。

7.5 编辑使用的缩写

当阅读自己和他人的作品时，使用缩写指出作品中需要改进之处是有益的。下面是一张编辑作品时常用的符号和缩写表格。为了在使用缩写时更加有效，要在缩写旁边加上一条具体的改进建议。

表 7.1　编辑使用的缩写

¶	含义：在此开始新段落。当一个段落似乎转入一个新的和不同的主题时或是一个段落看上去过长时使用。
arg	含义：论点，辩论。例如，你可以写"好论点"来强调作者论点的长处。也要告知该论点为何有力。
awk	含义：尴尬的语言。当用语听上去似乎是可笑的或是你不明白作者的意思时使用。对问题要具体些，并提出改进建议。
clutter	含义：不必要的影响了观点的词语。在法律写作中，因为使用法律术语，语言错乱时常发生。要对如何消除不必要的语言提出建议。
frag	含义：句子碎片。要就如何写出符合语法的句子提出建议。
gram	含义：查看语法。对于语法问题要具体，而且要提出如何修改的建议。
int!	含义：有趣！这是一种表扬一位作者作品的妙招。要告诉作者该段为何有趣。
ital	含义：将正文写作斜体字。当书名、案例或是杂志标题需要在正文中写斜体字时常用。
unnec	含义：不必要。当正文中的某一部分在表述作者观点时似乎是不必要的时候使用。一定要解释原因。
punct	含义：标点符号问题。要提出改进的建议。
rep	含义：重复。当作者在相邻之处过多使用同一词语时使用。要将重复的词语圈上。
sp	含义：拼写问题。一定要改正不正确的拼写。

续表

vague	含义：标注上的词语语义不清或是不明。有时是作者选用的词语或短语造成作品意思模糊不清。学术尤其是法律学术的核心为具体。要鼓励你的写作伙伴尽量具体些。
w.c.	含义：选词。当圈中的词语不是最佳词语或短语时使用。要解释原因，而且要提出一个更好的词语。

☐ **研习会清单**

☐ 选出一位计时员。
☐ 在开始前将作品用电子邮件交换或是当面交换。
☐ 为组员准备具体问题。
☐ 作者朗读；组员做笔记。
☐ 组员评论；作者做笔记。
☐ 组员提出表扬和批评。
☐ 如果有时间，作者提出后续问题。

第八章

分享你的研究成果

法律学术的实用性质意味着要与他人分享法律学术成果。法律学者不仅观察法律现状，还对如何改进法律现状提出建议。为了使这些建议发挥作用，它们最好被大范围的受众阅读或听到。

不同领域中的学者们分享其研究成果的主要方式有二：在会议上演示和在学术杂志上发表。本章第一部分讲述口头演示。这些实用小建议适用于课堂演示或是在学术会议上演示。换句话说，这些良好的演说原则适用于许多口头体裁。

本章第二部分将逐步介绍如何向学术杂志投稿。本科生、研究生和"现实世界"中的专业人士有许多途径将其研究成果投稿。

8.1　口头演示

与其他学者分享你的研究成果是进行学术研究的一个重要部分。分享研究成果的一个方法是在学术会议上演示。**学术会议**（Scholarly Conference）是学者们的聚会，包括学生和教师，他们就某一个共同感兴趣的领域互相学习并演示其新的研究成果。会议的日程有单个学者的长篇大论、由三四名讲话者组成的较短发言小组，还有圆桌会议，即由常常是围坐在一个圆桌旁的一组讲话者共享其研究成果。第一种方式是最正式的，而第三种为最随意的。在有些会议中，研究人员会以大型展板的形式演示其成果并发表较短的演说以补充其展板内容。（展板演示和你在高中可能已完成的科学博览会项目类似。)

如果你对在学术会议上演示感兴趣,你必须先要找到一个会议并提出参会申请。如果你是学生,你们学校可能会有一个部门帮助有志于学术研究的学生们。他们可以帮助你找到在你研究领域的会议。你的教授和导师也可以帮助你找到这些会议。第三种方法为互联网检索。大多数会议都要求你先提交一份你的研究成果的摘要,获得批准后才能演示。(在本章稍后部分你会学习如何撰写摘要。)

在当今的美国学院和大学中,课堂演示为最接近学术会议演示的方式。你必须检索材料,牢记它,而且以组织良好和有趣的方式演示它。

无论是在课堂演示还是面对一组学者,一些常用的公众演讲原则均适用。首先,你要牢记在本书第一章中学习过的修辞学原则,尤其是修辞学三角形。其次,在演示时自始至终你要讲话条理清楚以便使听众们聚精会神。第三,如果你选择使用演示软件,一定要使它为你的演示增光而不是削弱它。考虑到这三项原则,让我们学习一下如何进行有力的口头演示。

8.1.1 关注修辞学

当准备演示时要牢记修辞学策略。修辞学三角形可以帮助你明确听众是谁,他们会对何种面具人格(气质)有最佳的回应,以及以何种方式组织材料会使其发挥出最佳效果。让我们回顾一下修辞学三角形,并看一下它如何帮助你准备一个演示。

面具人格

面具人格是讲话者展示给听众的一张"脸"。面具人格无须伪造或作假,它就是一种使听众能够正面响应的讲话方式。当你在塑造面具人格时,要考虑如何树立起你作为讲话者的权威和信誉。

- 在讲话前先介绍你自己。许多讲话新手们都会忘记介绍自己,上来就直奔主题。
- 为了增强你的权威,要与听众分享能使你看上去是这一主题的专家的全部信息。
- 告诉听众你为何选择该题目。
- 为了你的修辞学内容适当着装。外形会对你的权威有巨大影响。

听众

在课堂演示中,你的听众实际上有两种:可能给你打分的你的教师和希望从你的演示中学习些东西的你的同学。在你准备演示时,要牢记这两类听众。在学术会议上,你的听众将由多种人士组成。其中有你研究领域中的教授和著名专家。对于新学者来讲,这些专家常常是听众中最可怕的成员。还有那些像你一样的人士——首次参会的年轻学者们。还有些人根本就不是学者,而是专业人士和其他与学术团体不沾边的人士。最后,就是来为你助威的朋友们。要记住:所有这些人士到场听你讲话是因为他们想到场。他们已经对你将要讲到的内容感兴趣,否则他们就不会来了。

目的

大多数课堂演示的目的是简单的:你会帮助同学们更好地理解你讲话的内容。这意味着你的目的不仅仅是使你的教师印象深刻。当你坐下来准备演示时,要问自己这个问题:我如何以我的演示最大化地帮助我的同学们?你可以先列出就你的讲话材料想要回答的问题的列表,然后进行检索找到答案。

会议演示的主要目的是同更广泛的听众群体共享你的研究成果。次要目的是向他人展示你是一位严肃的作者和思考者。如果你是一位本科生，在会议上演示将帮助你在感兴趣的领域中拓展人脉并增加你进入研究生院的机会。研究生和专业人士参加学术团体活动时会给未来的雇主留下印象。所以说，在会议上演示有很多好处。

8.1.2 组织

你可能已经做了大量的检索，练习了讲话声音，而且准备好了提示卡片，但是如果你的演示杂乱无章，所有这些努力将付之东流。这里有一个演示的简单经验法则：所有事情要讲三遍。

在讲话开始时，提供一个所讲内容的简要**路线图**（Roadmap），或是框架。然后，演示你的材料。结束时，要以摘要的形式总结你刚刚讲过的内容。在讲话时，自始至终你应使用路标以引导听众并提醒他们你讲话的框架。

一位资深律师的格言强调了这个程序："当你向陪审团讲话时，首先要介绍你要说的话，然后说出来，最后你要说出刚刚说过的话。"

以下为形成有力的组织的一些步骤。

安排材料

当你就演示的题目收集研究素材时，要明确你的材料是否与两个或三个主要的小标题合拍。这些小标题将是演示的组织结构的基石。三个小标题几乎就是大多数听众可能保持兴趣的全部内容，尤其是当你的演示为三十分钟或是更短时。

指出路线图

在演示开始时，在介绍完自己并建立起权威之后，要提供出你在演示中所讲内容的主题的路线图。你的路线图可以听上去像是这样的："首先，我将讨论 X 的历史。然后，我将展示 X 是如何在媒体中被接受的。最后，我将解释 X 对于 Y 的影响。"

这样一来，该讲话者已经将其就题目 X 的讲话分成三个小标题：历史、媒体接受和对于另一个事件 Y 的影响。（当然你的演示可以有不同的小标题。）

使用路标

在演示中，你应回到你在路线图中展示过的主题。当你讲完第一个主题时，要告诉听众你已经讲完了该主题。然后告诉听众你要讲的下一个主题是什么。例如："现在我已讲完了 X 的历史，我将向你们展示 X 是如何被媒体接受的。"

在结束时总结

在演示的结尾处，要再一次回到你的路线图并将你刚刚讲过的内容概要重述一下。

8.1.3 演示软件的实用小建议

有时你或许想使用演示软件，例如 PPT 或是 OpenOffice 演示，来补充你的口头演示。以下是一些你应牢记的有效展示幻灯片的准则。

保持正文精练

幻灯片应用于补充你的讲话而不是列出全部讲话。你不想让听众只是读你的幻灯片而不听你的讲话。正文应为不长的短语而不是完整的句子。要使用要点，而且每一张幻灯片最多有三个要点。

使用路线图

在演示开始时，放完题目幻灯片之后，你应展示路线图的幻灯片。这张幻灯片基本就是你的演示的内容提要。它会帮助听众跟随你的演示并使你自己不跑题。要努力将路线图限制在三个主要主题内。在演示过程中，应使用路标幻灯片来帮助听众了解你在演示中的位置。

在演示结束时，要回到你的路线图幻灯片并回顾一下你演示中讲过的内容。要记住公共演讲的基本规则：所有事情要讲三遍。

使用简单的字体、颜色和图形

新的演示软件充斥着不必要的虚饰和装饰物。许多人要面对的难题是他们会情不自禁地过分使用有趣的字体、图形、色彩设计和动画。根据经验，在演示中你不应使用超过两种不同的字体和超过三种的颜色。要在每一幅幻灯片上使用相同的装饰设计。动画和图形只应用于加强你的幻灯片的内容。要记住：虚饰会使听众走神而不关注于你的信息。

永远不要将幻灯片朗读出来

学生和专业人士常常会向听众朗读出其幻灯片的内容。使用幻灯片作为讲稿并过度依赖它们是有诱惑力的。即使不读幻灯片的内容，许多人也常常会面对着投影屏幕而背对着听众讲话。此举很容易养成习惯，但是你必须抵制它。背对着听众讲话是演讲的大忌。你会变得让人难以听到和理解，而且最坏的是，你会变得无聊！

为了避免背对着听众讲话，要将你演示的内容打印出来并将它拿在手上。为了不必转身看你讲到哪里了，你可以简单地扫一眼打印件。但是，不要忽视了幻灯片演示。要检查你的幻灯片的转换以确定在讲话前你面对的是要讲的那张。应确保你的遥控器工作正常。

8.2　发表你的研究成果

在学术会议上演示完你的研究成果后，你或许有意在学术杂志上发表它。本节提供了学术发表的准则。

在学术杂志上发表作品是你所有研究努力的最终报酬。将已发表的学术著作写入简历中会提升你进入研究生院、法学院和求职的概率，因为招生人员和雇主将了解到你的作品既有力又专业以至于有外面的团队选择出版它。他们也会了解到你对工作认真而且是一位努力工作的人士，因为出版作品并非易事。

发表学术著作有四个步骤：

- 选择一家杂志
- 撰写摘要
- 撰写附信
- 投稿

你对待以上各步骤越仔细，你发表文章的可能性就越高。

8.2.1　检索各种杂志

发表你的研究成果的第一步是更多地检索。你需要检索那些可能有意发表你的作品的杂志。一篇文章被拒最常见的原因之一是那家杂志和你的文章不对路。为了确保你的文章是该杂志有意发表的，先要列出一些杂志：（1）发表过像你这一类人（例如，本科生、研究生、专业人士）的作品的杂志以及（2）发表你的研究领域的作品的杂志。有些杂志虽然声称它们发表"学生作品"，但是它们是指研究生，而不是本科生。如果你不确定一家杂志是否欢迎你的作品，请给编辑发电子邮件问一下。

当你做出了一张包括符合你的项目的三家或四家杂志的表格后，要找出它们的准则来。作者准则（Writer's Guidelines）为作者在投稿时必须遵守的规则。准则包括：

- 投稿截止日期
- 所要求的引用格式（现代语言协会格式、芝加哥格式、美国心理学协会格式、"蓝皮书"格式等）
- 所要求的字数或页数
- 你的名字是否应出现在文章中
- 你是否应以电子邮件或是普通邮件的方式投稿

遵守杂志提供的准则非常重要。如果你不遵守，许多编辑将会直接把你的稿件丢弃。大多数杂志网站中都有准则信息。如果你没能找到准则，应给编辑发电子邮件索要。

一旦你找到一家希望发表自己研究成果的杂志，你就需要阅读该杂志。要在图书馆找到一本该杂志或是看一下是否有网络版。有些杂志只有网络版，而且它们通常是对公众免费的。

要阅读该杂志的内容提要，看那些发表的文章的主题或语气是否与你的作品类似。例如，一家历史杂志可能会说它们有意发表有关"法律"的文章，但是它们是指"法律历史"。如果你的作品方向为现代法律事件，那么你就不应向那家杂志投稿。

在你浏览了目录内容以后，还要读一下其中的一些文章。如果你开始觉得你的作品与那家杂志不对路，那么就应找另一家杂志投稿。

要记住：通常一次只向一家杂志投稿，所以你要确定选对了杂志。一旦选好杂志，你就要撰写摘要和附信了。

8.2.2 撰写摘要

你的**摘要**（Abstract）是一份总结了一篇学术文章的论点、研究的结果和结论的简短文件。摘要的目的是"推销"你的研究文章。当学者们试图发表他们的研究成果或是将其纳入学术会议中时要使用摘要。出版商使用摘要来使读者对其杂志感兴趣。摘要常常出现在学术杂志和网上数据库中的文章的开头处。

摘要的长度不等。杂志出版商和会议召集人将在准则中明确摘要的长度。摘要通常为100至500字。在你撰写摘要前，一定要查看你的杂志或会议要求的长度。

一般法律研究文章的摘要分为五部分。以下为雷切尔的一篇样板摘要。她的文章摘录出现在第五章中，你已经熟悉了。先阅读整篇摘要，然后我们会将其分成部分加以审视。

题目："虚拟儿童色情：当《保护（法）》儿童变成一个宪法问题"
作者： 雷切尔
摘要： 虚拟儿童色情，即使用计算机软件而不是真实的儿童制作的色情图像，近来已经上升为有关言论自由的辩论。因为虚拟儿童色情看

> 上去与真实儿童色情无异，因此国会已经将其包括在 2003 年实施的《禁止奴役当代儿童的起诉救济及其他手段法》中而加以禁止。该法律的合宪性已在美国最高法院被挑战，而且因为其具有争议的性质可能会被再次挑战。我辩称因为法院已经允许将儿童色情包括在不受保护的言论中，所以禁止虚拟儿童色情在宪法中也是有效的。据此，我首先审视了美国最高法院的几个案例，最著名的是奥斯本诉俄亥俄州案（1990 年判决）和美国诉诺兰案（1987 年判决），这些案例作为证据表明儿童色情伤害所有儿童，甚至那些并未出现在图像制作中的儿童。然后，我展示了有关成人观看虚拟儿童色情的影响的心理学研究成果。我在解读该证据时参考了著名女权主义者凯萨琳·麦金农的思想，而且表明有充分证据显示将虚拟儿童色情定性为不受保护的言论对政府有重大的利益。

以下为雷切尔摘要的框架，它被分解成几个部分，并附有为你自己的研究成果撰写有力摘要的建议。

吸引手段

摘要的首行为重中之重。读者们会通过首行决定是否接着读。

使用契机来建立你的研究的紧迫性、相关性和独特性。这是你使听众对你的研究感兴趣的第一个机会。以下是雷切尔的吸引手段。

> 虚拟儿童色情，即使用计算机软件而不是真实的儿童制作的色情图像，近来已经上升为有关言论自由的辩论。

雷切尔用该句开了一个有力的头儿。头几个词就引人注目，因为色情、儿童色情和"虚拟"色情往往会是煽动性的话题。通过提到"近来"美国最高法院已经接手该争点，她也建立了契机，或是及时性。

上下文

你的上下文可以是社会性的或是学术性的。最佳摘要两者兼而有之。社会性的上下文描述了围绕着你讨论的争点的公众辩论。学术性上下文特别描述了在你领域中的学者们有关该题目的论述。优秀的学术作者在他们的领域中与其他学者对话。为了提供一个学术性上下文，你可以说出你与之对话的那些学者的大名或者解释关于该题目学术上的赞成或反对观点。

雷切尔以叙述围绕着虚拟儿童色情的立法和司法辩论提供了社会性上下文。

> 因为虚拟儿童色情看上去与真实儿童色情无异，因此国会已经将其包括在2003年实施的《禁止奴役当代儿童的起诉救济及其他手段法》中而加以禁止。该法律的合宪性已在美国最高法院被挑战，而且因为其具有争议的性质可能会被再次挑战。

她也以特别提到了在色情领域著述丰富的一位著名法学教授凯萨琳·麦金农的大名而提供了学术性上下文。

> 通过将此数据同著名女权主义者凯萨琳·麦金农的思想相结合，我表明有充分证据显示将虚拟儿童色情定性为不受保护的言论对政府有重大的利益。

论题

为了准备你已经完成的研究文章的摘要，你可以从文章中剪贴你的中心论点。请参见第三章和第五章，查看有关发展中心论点和论点的内容。

雷切尔的中心论点使用了一个信号短语,"在这篇文章中",来告诉听众这是她的文章的主要论点。

> 在这篇文章中,我辩称因为法院已经允许将儿童色情包括在不受保护的言论中,所以禁止虚拟儿童色情在宪法中也是有效的。

方法论

你需要纳入一个方法论以使读者们了解到你为自己的论题提供了强有力的支持而且你的文章的布局谋篇良好。如同你的论题那样,如果你愿意,可以从文章中剪贴你的方法论。雷切尔的方法论几乎占据了摘要的一半内容,包括对特定案例的研究和对有关色情引起的伤害的心理学研究的审视。

> 据此,我首先审视了美国最高法院的几个案例,最著名的是奥斯本诉俄亥俄州案(1990年判决)和美国诉诺兰案(1987年判决),这些案例作为证据表明儿童色情伤害所有儿童,甚至那些并未出现在图像制作中的儿童。然后,我展示了有关成人观看虚拟儿童色情的影响心理学研究成果。我在解读该证据时参考了著名女权主义者凯萨琳·麦金农的思想,而且表明有充分证据显示将虚拟儿童色情定性为不受保护的言论对政府有重大的利益。

结论

在摘要的结尾,要谈论你的研究的结果及其含义。看一下你的文章的结论段落是否有任何你可以放入摘要的内容。包括你文章中任何关于行动的建议。雷切尔的结论是:"有充分证据显示将虚拟儿童色情定性为不受保护的言论对政府有重大的利益。"

当你完成摘要之后，要准备撰写附信。你的附信应与摘要相配合，向杂志编辑"推销"你的文章。

8.2.3 撰写附信

在最基本的层面上，附信就是告诉杂志你向他们投稿，并请他们考虑发表。实际上，附信要说服杂志编辑考虑发表你的文章。它以一种间接的方式告诉编辑该杂志应发表你的文章的所有原因。

附信为杂志编辑阅读的你的第一篇作品。如果附信写得不好或是不专业，那么该编辑很有可能就不会阅读你的投稿。

向杂志撰写附信时，优秀信函的写作规则是适用的。我们大多数人都在高中阶段学习过如何撰写商业信件。当你致函杂志编辑时，要用上这些技巧。地址应靠近页面顶端排列。你可以使用文字处理软件在文档页眉生成信笺抬头，列出你的名字、邮寄地址、电子邮件地址和电话号码。要提供编辑可以联系上你的多种方式。当今大多数编辑喜欢使用电子邮件。

如果可能，你应致函一位编辑。一份杂志的网站常常会列出编辑们的名字。表 8.1 提供了如何称呼编辑的建议。

在附信正文中，每一次提到杂志名称时应以斜体字表示，就像你在研究文章中提到杂志或书目名称时那样。以下为一名学生写的一篇样板附信。先读一下该信，然后我们将分别审视它的每一部分以识别关键组成部分。

表 8.1　附信称呼语

编辑的学位或工作	称呼语
哲学博士，教授	亲爱的伏尔泰教授
哲学博士，但不确定是否是教授	亲爱的伏尔泰博士
不是哲学博士，但职称是"教授"*	亲爱的伏尔泰教授
不是哲学博士	亲爱的伏尔泰先生 / 女士
不清楚	亲爱的伏尔泰先生 / 女士

* 例如，法学教授就常常没有哲学博士学位。

肯尼迪·安德鲁斯
第 0000 号邮箱
北卡罗来纳州教堂山　27514
kenn.andrews@uncch.edu
（555）555-5555

2000 年 1 月 1 日

凯蒂·罗丝·格斯特·普瑞尔编辑
《密纳瓦本科法律杂志》
第 0000 号邮箱
北卡罗来纳州达勒姆 27701

亲爱的普瑞尔教授：

　　敬请考虑随函附上的题为《"强加于奴隶种族的不平等法律"：在刑事和民事法庭中的学生司法证据之有效性》的手稿（共 3,445 字），期望在下一期的《密纳瓦本科法律杂志》上发表。我是北卡罗来纳大学教堂山分校主修历史和意大利语的大四学生。我的研究兴趣集中于学生司法程序和民事及刑事审判相交叉的领域。本文从未发表过。

因为《不平等法律》一文直接论述了学生司法程序和它与民事及刑事审判的交集的争点，所以《密纳瓦本科法律杂志》为发表本文的最佳杂志。本文代表了我四年中在一个由学生组织的司法体系中的顶点——既作为为学生辩护的律师又作为因学生违反荣誉守则而起诉他们的学生司法副部长。尚未有文章论述过在学生司法程序中所收集到的证据和它与民事及刑事法庭证据规则之间的相互影响。本文提供了对于一部令人困惑的联邦法律即《家庭教育、权利和隐私法》（FERPA）的审视。另外，本文还将该法律适用于一个民事及刑事法庭还远未触及的题材。

随函附上以微软 Word 格式撰写的本文的全文和一篇简短的摘要。我采用了现代语言协会引用格式。欢迎编辑委员会提出的任何修改建议。敬请以电子邮件和电话同我联系。我的联系方式已在信笺抬头中列明。感谢您的考虑并期待着您的决定。

此致

肯尼迪·安德鲁斯

第一段：关于你

附信的第一段需要告诉编辑你是谁还有你要投稿。你还应包括下列细节：你撰写本文的权威何在、文章的题目、字数，以及该文以前是否曾发表过。大多数杂志都有字数要求而且不希望发表业已发表过的文章。一些本科生担心他们没有多少学术权威。大多数本科生尚未完成研究生和教授们已经接受过的学习或研究训练，这一点是实际存在的。但是，你应像肯尼迪那样强调你具有的权威。

我是北卡罗来纳大学教堂山分校主修历史和意大利语的大四学生。

> 我的研究兴趣集中于学生司法程序和民事及刑事审判相交叉的领域。

在此肯尼迪谈论了他学习的学校和专业,也提到了他有"研究兴趣"而且说了这些研究兴趣是什么。如果你在某一个学科写过一篇主要的作品,你就可以公正地说该学科是你的研究兴趣之一。具有研究兴趣首先强调你不仅为课堂学习写作文章,你还像肯尼迪那样自己思考并检索研究题目。

第二段:关于你的文章

第二段必须说服编辑发表你的文章。你要展示出自己熟悉该杂志的内容而且你的文章与其内容相吻合。肯尼迪在其附信中的首句就提出了这一点。

> 因为《不平等法律》一文直接论述了学生司法程序和它与民事及刑事审判的交集的争点,所以《密纳瓦本科法律杂志》为发表本文的最佳杂志。

肯尼迪强调其题目本科生会感兴趣,而本科生为该本科生法律杂志的主要读者。他也暗示其题目,即学生司法程序,是学生们希望更多了解的内容。因此,在第二段中,你应提供文章的一个小结,表明你熟悉该杂志,并描述你的文章的读者为何人。要告诉编辑谁会是你的文章的读者及其原因。

第三段:业务细节

第三段要感谢编辑考虑你的文章并告诉他如何与你联系。在此你可以提供更多有关你的文章的细节。你也应提到你欢迎编辑的建议。编辑已经阅读了很多很多的文章而且他们有丰富的经验。你应该对他们抽时间提出改进你文章的建议表示谢意。

8.2.4 以电子邮件向杂志发送你的作品

许多杂志现在倾向于以电子邮件接受投稿。当以电子邮件投稿时，要牢记职业水准。这份电子邮件是你作为一名研究者和作者给该杂志编辑留下的第一个印象。以下为一些经验法则。（要记住如果杂志准则所言与这里介绍的不同，要遵循该杂志的准则。）

摘要

如果你的杂志没有要求摘要，也要寄上一份。有时杂志编辑只是假定作为你的研究成果的一部分你会寄上摘要。

附信

将你的附信粘贴在邮件正文内，在格式上做一个改动。不要把你的联系信息放在前面，要将它放在信的底部，在你的名字后面。编辑的地址要放在开头，然后是信的正文，后面是你的名字和地址。这是专业电子邮件信函的标准格式。

你也可以制作一个包括你的联系方式的专业电子邮件签名，由计算机软件自动附于你撰写的所有电子邮件的底部。

文件档案名称

以实用方式命名你的文件：姓_摘要.doc 或是姓_文章题目.doc。因为编辑会收到几百份称为"摘要.doc"和"文章.doc"的文件，所以必须将你的姓放进文件名称中。礼貌和专业的做法是以实用方式命名你的文件。要使用 .doc 文件格式（微软 Word 的最新格式）而不是 .docx 文件格式，因为许多计算机不能读取 .docx 文件。你可以选择下拉菜单中的"另存为"然后选择".doc"来改变文件格式。

字体

在文章中使用普通字体。普通字体在许多操作系统和文字处理软件中都有。许多文字处理软件中的默认字体，特别是微软办公室系统最新版本中的默认字体，在不同的计算机中既不常见又不被广泛使用。你希望你的文件在编辑的计算机上和在自己的计算机上显示得一样。那么，你要使用一种普通字体。普通字体包括以下几种：Times New Roman 字体、Courier New 字体、Georgia 字体、Arial 字体和 Verdana 字体。[1]

电子邮件主题行

你的电子邮件的主题行应为"文章投稿"。你也可以放上你的姓和你的文章题目，但是它们应放在"文章投稿"之后。

现在你已经完成了一段困难的旅程，从学习法系到阅读案例，从对于你的研究题目的头脑风暴到完成你的研究并撰写大纲，以及从打草稿、修改研究文章再到给一家学生杂志投稿请求发表。你应该为自己感到自豪。

---

[1] 此处原书仅指英文字体。

附录一 术语词汇表

Abstract 摘要 一篇学术文章中总结论点、研究的结果和结论的简短文件。

Administrative Regulations 行政规章 由政府机关批准的规则。

Amicus Brief 法院之友理由书 由"法院之友"提出的希望能够影响法院判决意见的法律理由书。

Analogize 类推 辩论一个以前的案例与目前的案件类似,所以目前的案件应该与以前的那个案例结论相同。与"区别"相比较。

Anglo-American Legal System 英美法系 该法系始于中世纪的英格兰,现在为包括美国在内的一些原英国殖民地所采用。

Appeal 上诉 在高一级法院挑战下一级法院的裁定。

Appellant 上诉人 在一个案件中提出上诉的一方。

Appellate Brief 上诉律师的法律理由书 由上诉一方为上诉提出论点而撰写的文件。

Authority 可靠证据 法律写作中的主要和次要原始资料以及其他类型的证据。

Bluebook 蓝皮书 由专业法律人士和法律评论使用的法律引用格式。

Boolean Operators 布尔运算符 在数字检索中使用的用来限制一个

关键字检索的检索术语。

C-RAC 结论 – 规则 – 应用 – 结论　法律分析的基本架构；为结论、规则、应用和结论的首字母缩略词。

Case 案件　已进入法律程序的双方或多方之间的冲突。

Case Brief 判词摘要　上诉法院判决意见书中重要部分的大纲。

Case Citation 案件援引　用以指明一份法院判决意见书在何处发表的一系列数字和字母。

Case Law 案例法　由法官裁定的单个案件构成的法律。为英美法系的组成部分。

Case Name 案件名称　一个由"诉"字隔开的包括各方当事人名称的法律案件题目。

Ceremonial Oratory 典礼演说　一种用于赞扬某人或责备某人做错事情的演说体裁。亦称"富于辞藻的"演说。

Citation 援引　提及一个外部原始资料。

Citation Signal 援引信号　一个用来显示作者将要引用、释义或概括原始资料的词语或短语。

Citation Style 引用格式　作者用来向读者传达一篇作品中所使用的原始资料的体系。

Cliché 陈词滥调　一个因使用过度已失去其本意的短语。

Common Law 普通法　该法系使用判例来决定目前案件中的法律是什么。

Concurring Opinion 并行意见书　由那些同意多数法官做出的裁决但对判决依据提出不同理由的法官撰写的司法判决意见。该意见无法律效力。有时亦称为"并存意见"。

Confirmation 证实　在古典修辞学中，对于一个包括支持性论点和证据的言语的证明。

Controlling Precedent 拘束性判例 在判决中法院必须遵守的判例，因为它是在法院的上诉程序中产生的。

Counterargument 反诉 任何可能反对你的论题或支持性论点而且要求你做出反驳的论点。参见"反驳"。

Court of Appeals 上诉法院 由审查审判时情况或下一级上诉法院诉讼案件审理情况的法官所组成的上一级法院。美国最高法院为美国最高上诉法院。

Dissenting Opinion 反对意见书 由那些不同意多数法官做出的裁决的法官撰写的司法判决意见。该意见无法律效力。有时亦称为"异议"。

Distinguish 区别 指出之前的案件和正在审理的案件之间的不同，从而辩论该判例不应影响正在审理的案件的判决。与"类推"相比较。

Docket Number 案件号码 由法院为识别一个案件所指定的号码。

Enthymeme 三段论省略式 一种不说出或不写出一个前提的三段论，这个前提通常是大前提。

Executive Order 行政命令 由美国总统发布的只要其内容与总统的权限相符就具有法律效力的命令。

Exordium 绪言 在古典修辞学中，一个演说的导论部分。

Federal Statute 联邦制定法 由美国参众两院通过并由总统签署的法律。

Forensic Oratory 诉讼演说 古典修辞学中试图发现关于过去的真理的一种体裁。有时亦称作"法律"或"司法"演说。

Genre 体裁 一种用于达到某些目的的文件形式（例如：法院判决意见书、法院之友理由书）。属于同一类体裁的文件都有一套特定的规范。

Government Printing Office 美国政府出版局 立法部门的一家机

构，出版立法、司法和行政文件。

Hanging Indent 悬挂式缩进 页面格式的一种，其中每一段落的首行与左边齐头，同时每一段落中随后的每一行均缩进半英寸。

Holding 裁决 在一份司法判决意见书中，对于案件法律效力的清晰表述。亦称为"裁定"。

Hyperbole 夸张法 作者或讲话者夸大其立场以便在观众或听众中引起强烈的情绪反应。

Issue 诉讼的争点 上诉法院必须裁决的法律问题，亦称为"提出的问题"。为判词摘要的一部分。

Judicial Review 司法审查权 美国法院具有的裁决立法是否违反宪法的权力。

Jurisdiction 管辖权 法院对于一个案件诉讼的争点的法律权限或权力。

Kairos 契机 古希腊文，意为"时间"，指的是适时的，时间上的特定的点，而不是指按照年月顺序的时间。为修辞学术语。

Legal Topoi 法律惯用语句 由法官、法律学者和律师们使用的普通论点的种类。

Legal Writing 法律写作 提出法律主张并以可靠证据支持它们的技巧。

Legalese 莫测高深的法律用语 常常阻塞并混淆法律文件的法律行话和句法。

Legislation 立法 由任何政府机关或立法机关制定的法律。有时称为"制定法"。

Legislative Intent 立法意图 一种查看制定一项制定法的立法机构的意图或目的的法定解释理论。

Metadiscourse 元话语　在一篇正文中作者提及正文本身而不是正文话题之处。

Methodology 方法论　在一篇研究论文中，作者对如何证明一个论题的简要概述；对论文中支持性论点的循序渐进的描述。

Moot 争议已不复存在　指冲突业已解决或以某种方式被置于法律范畴之外。

Morals 道德　由公众驱动并由一群人创立的管理其集体行为的规则。

Narration 叙述　在古典修辞学中，在演说中提供背景资料的部分。

Nominalized Verb 名词化的动词　一种将一个动词转化为一个名词并与动词"是"的某些形式搭配的动词结构。

Opinion 法院判决意见书　由一名或多名法官撰写的分析案件诉讼的争点并提供裁决的文件。

Oral Argument 口头辩论　上诉法院法官和上诉各方律师就复审有争议的论点而进行的一场正式讨论。

Ordinance 法令　由市、县政府通过的法律。

Overturn 推翻先例　美国最高法院宣布其早先的一项裁定不正确。与"宣布无效"相同。

Page Break 分页符　在文字处理软件生成的文档中不显示的一个符号，用来告诉打印机在该符号嵌入之处而不是在一页的自然结尾之处结束一页。该符号用于文章正文结束处和参考书目开始处之间。

Paired Synonyms 成对的同义词　法律写作中将两个语意相同的词放在一起使用并以"和"连接的语言怪癖。

Paraphrase 释义　使用字数相近的词语重述另一个人的想法或观点。

Partition 划分　在古典修辞学中演说的一部分，将演说分成多个易于管理的部分。

Passive Verb 被动语态的动词 一种将一个动词的过去分词与动词"是"的某些形式连在一起的动词结构。

Path of Appeal 上诉程序 诉讼各方可以对下一级法院的判决提出上诉的法院。在美国联邦系统中，一项判决可以上诉至一家美国上诉法院，然后可以再上诉至美国最高法院。

Peroration 结语 在古典修辞学中，演说结束的部分。

Persuasive Precedent 说服性判例 一家法院可以选择考虑但不必遵守的判例，包括下一级法院和其他管辖区域内法院的判决。

Petition for Appeal 上诉申请 律师代表其客户向法院提出的希望对下一级法院判决进行上诉的文件。见"上诉"。

Petitioner 上诉人 美国最高法院案件中的上诉人，该称呼源于一方必须首先向美国最高法院申请听取其上诉。有时称为"申请人"。

Plagiarism 剽窃 使用另一个人的词语或观点并将其据为己有。

Plain English Movement 易懂的英语运动 在政府和法律界内部进行的一项运动，旨在从政府文件中除去复杂的语言并以一般读者能够明白的语言撰写文件。

Plain Meaning 明白法规词意的规则 一种称制定法词语的通常意思应该是解释根据的法定解释理论。

Political Oratory 政治演说术 一种用于发现解决目前冲突最佳途径的演说术体裁。与政府官员有关。

Primary Source 主要原始资料 由第一手证言、文件、信件、日记和其他资料构成的研究对象。

Procedural History 程序历史 对一个案件如何在法院系统内递进的描述。

Public Policy 公共政策 一个政府就某些冲突做出的决定以及这些

决定对公众的影响。

Rebuttal 反驳 对反诉做出的回应。见"反诉"。

Refutation 辩驳 在古典修辞学中演说的一部分，在其中讲话者展示反诉并驳斥这些反诉。

Reporters 判例汇编 发表司法判决意见书的书籍。

Respondent 被上诉人 当上诉至美国最高法院时，应诉的一方。有时称为"被告"。

Revision 修改 对一项写作计划中每一部分深入的再思考。

Rhetoric 修辞术 在任何一种情况下能够识别并使用恰当说服方式的能力。

Rhetorical Analysis 修辞学分析 对一项交流中不同类型和性质的论点的检查。

Rhetorical Appeals 修辞学手法 讲话者进行辩论的不同方式的种类。由亚里士多德制定，他把这些种类称作"气质""理性"和"怜悯"。亦称为修辞"论证"。

Rhetorical Fallacy 修辞谬误 在一个三段论或辩论中，其逻辑讲不通或其前提不真实。谬误分为"形式的"和"非形式的"两种。

Rhetorical Question 修辞性疑问句 一个问题的答案在该问题的提问方式或构成方式之中的问题。

Roadmap 路线图 在做口头展示时使用的一种修辞学安排工具，它提供一张将要展示的内容表。经常与"路标"一起使用以便为听众指引展示的方向。

Ruling 裁定 在一份司法判决意见书中，对于案件法律效力的清晰表述。亦称"裁决"。

Scholarly Conference 学术会议 对某一领域有共同兴趣的学者们

展示其最近研究成果的聚会。

Scholarly Conversation 学术对话 对于你的题目学者们已经撰写的观点以及对于你的题目正在进行的学术辩论。亦称"学术背景"。

Secondary Source 次要原始资料 任何与研究对象相关的文字材料。通常由在本领域内的一位学者写成。与"主要原始资料"相比较。

Signpost 路标 一种指导读者阅读一篇文章的元话语句子。

Sophists 诡辩家 古代雅典训练公民们在法庭辩论案件的修辞术教师。

Stare Decisis 根据判例 字面上的意思是"让判决有效"。该学说认为法庭应该受判例法律的约束。

Statutes at Large《制定法大全》 由国会通过的法律的年度出版物,由美国政府出版局出版。亦见"《美国法典》"。

Summary 概括 将别人的想法或观点以一种比原文简短得多的形式重述。

Thesis 论题 在学术作品中,可以总结成一句话的一篇文章的主要论点。

Treaty 条约 两国或多国之间的国际协议。

Trial Transcript 审讯记录 审判时所说的每一个字的准确记录。格式像文稿一样。

Unconstitutional 不符合宪法的 违反宪法。通常是指规则或规章。

United States Code《美国法典》 每隔六年重新出版,将所有联邦法律分为称为"标题卷本"的五十个部分的正式法典编纂。

Writ of Certiorari 调卷令 为上诉而向美国最高法院提出的特别申请。

Writer's Guidelines 作者准则 作者向一家杂志社投稿必须遵守的

规则。每一家杂志社均有其作者投稿时必须遵守的准则。

Writing Workshop 写作研习会 一组朋友或同事为了改进其作品而聚在一起阅读和评论各自的作品。

附录二　样板学生作品

在本附录中，你会发现本书中讨论过的几种写作样板都是由真实的本科生撰写的。体裁分为两组：关于案例的写作和学术法律写作。前者包括修辞学分析和判词摘要。

关于案例的写作

修辞学分析

> **肯尼迪大法官写的判决意见书：是否达到了他的目的？**
>
> 在美国最高法院劳伦斯诉德克萨斯州案中，安东尼·肯尼迪大法官代表法庭写了判决意见书。肯尼迪强有力地并反复地阐述了他所相信的应给予每一位美国人的自由。肯尼迪通过展示其对于先前有关案例和宪法的知识确立了他在此案中的权威。考虑到今后的判决会以此案为先例，他为本案的裁决确立了定义明确的界限。通过树立其权威

和承认其听众，肯尼迪完成了他捍卫其主张的目的，即宪法第十四修正案的正当程序条款保障个人有权进行私人亲密行为而不用担心受到刑事起诉。

讲话者/气质

肯尼迪大法官代表法庭写了判决意见书。奥康纳大法官写了并行意见书，而斯卡利亚大法官写了反对意见书。肯尼迪和斯卡利亚写的判决意见书也代表其他大法官（肯尼迪代表多数意见，包括其他四位大法官，斯卡利亚代表其他两位持反对意见的大法官）。在美国最高法院意见书中，还有暗指的讲话者：美国最高法院，接下来是美国政府，而美国最高法院为其分支机构。总统选择而且参议院确认美国最高法院大法官。因为美国选民选举总统和参议院议员，肯尼迪的判决意见书也是代表美国选民们讲话。

肯尼迪身为美国最高法院大法官的事实为他提供了威望和可靠的光环。美国最高法院大法官们以其法律方面杰出的才能及其解释法律的能力而著称。通过援引有关隐私权利的先前案例和宪法修正案，肯尼迪展示了他的知识。肯尼迪提及的关于个人自由的方方面面的案例显示了他对法律的造诣并展示了他的逻辑思维过程。法律学识和合乎逻辑的方法的结合确保了肯尼迪是可靠的。

肯尼迪于1988年由共和党总统罗纳德㊣里根任命为美国最高法院大法官而且被大多数法律学者认为是一名政治上保守的法官。在美国最高法院其他案件的审判中，肯尼迪常常与其他几位政治上保守的大法官例如前首席大法官伦奎斯特以及助理大法官斯卡利亚和托马斯一起投票，其他三人都在劳伦斯案中持反对意见。在劳伦斯案中组成多数意见派的五位大法官中，肯尼迪是政治上最为保守的一位。作为一名由共和党任命的大法官和一位政治上保守的人士，他投票支持同性恋权利看上去不是出于政治上的目的，而似乎是主持正义。当肯尼迪写下"而今天这个案子既涉及公民空间上的自由，也包括了那些更加超验的维度"（第562页）时，他确立了其政治中立的气质。肯尼迪坚称"自由"而不是党派政治促使他撰写了该判决意见书。

对于他所称根据第十四修正案应给予的自由，肯尼迪显示了他的学识和激情。他相信自由应"［包括］思想自由、信仰自由、表达自由以及进行特定亲密行为的自由"（第562页）。肯尼迪对于特定自由的强烈观点使他能够成功地说服其听众在美国人生活中的有些方面不应受到政府的干预。

听众/怜悯

法律团体、公众和媒体都是美国最高法院判决意见书的预期听众。判决意见书告诉公众，和上诉人一样，他们"对自己的私生活享有获得尊重的权利"（第578页）。通过准确指出该案赋予美国人的权利，肯尼迪考虑到了这些听众。为了避免困惑或者从本案判决而来的推论，肯尼迪还清楚地指出了该案并未涉及的法律领域。未来面对类似案件的法庭是肯尼迪考虑的另一些听众。因为美国最高法院的多数判决意见会作为其他案件的先例，所以判决背后必须要有清楚的准则和论证。因此，肯尼迪指出了该案确切的目的还有该案"未涉及"（第578页）之处。

在判决意见书的第一段中，肯尼迪使用怜悯，"公民所拥有的自由保证他们的住宅或其他私人场所不受政府无根据的擅入。我们的传统是国家不应该干涉家庭生活"（第562页）。在本段中，"自由"指的是美国人珍视的一个观念，即我们常常所说的"freedom"。肯尼迪也提到了"家庭"，引发了我们中的大多数人对于居所的保护情感。因此，肯尼迪在其判决意见书一开始就唤起我们对于自由和家庭神圣性的共同情感依恋。当肯尼迪写道"当这种行为是与另一人发生性关系时，只要求另一方能够接受这种行为即可。同性恋者有权做出这样的选择，这是宪法所赋予他们的自由"（第567页）时，他再一次使用怜悯。在此，他诉诸我们对于人类情感和身体亲密关系的共同经验，辩称同性恋人士应该和异性恋人士一样有相互爱恋和触摸对方的权利。

肯尼迪了解美国公众重视隐私权，通过多次使用"自由"一词他呼吁这种价值。他争辩道，该判决触及政府是否能够侵犯人们生活中非常隐私的方面。他还呼吁爱恋和人际关系的价值。所以，肯尼迪通过指出亲密关系"只要求另一方能够接受这种行为即可"（第567页）以维护法庭的裁定。

信息/理性

肯尼迪的判决意见书宣布了法庭的判决并提供了判决背后的论证。因为劳伦斯案推翻了鲍尔斯诉哈德威克案（1986年判决），肯尼迪必须说服其听众鲍尔斯案的论证是错误的而且该案并未遵守宪法第十四修正案的原则。在进行这一辩论时，他强调了同性恋人士进行私人的和双方同意的性行为的个人自由权利受到保护。肯尼迪特别指出该案判决的得出是因为政府不应通过监视"亲密行为"来"控制个人关系"（第567页）。

当他提到诸如格里斯沃尔德诉康涅狄格州案（1965年判决）、艾森施塔特诉贝尔德案（1972年判决）和罗诉韦德案（1973年判决）的早期案例时，他使用理性。他声称这些影响巨大的美国最高法院判决意见书支持劳伦斯案中的多数意见。没有多少人会辩论成人没有使用避孕用品的自由，该判决由格里斯沃尔德案和艾森施塔特案确立。通过主张劳伦斯案中所涉及的权利与那些早期案例中的权利相似，肯尼迪基于案例法构建了逻辑基础。通过展示其结论有据可查，肯尼迪使用这些早期案例帮助他维护了美国最高法院的判决。

判词摘要

劳伦斯诉德克萨斯州案（2003年判决）
《美国最高法院判例汇编》第539卷第558页

争点： 德克萨斯州鸡奸法违反宪法第十四修正案正当程序条款了吗？

事实： 两位被告男子因为在其家中性交违反了德克萨斯州鸡奸法而被捕。该法律禁止相同性别的人进行"越轨性交"。被告被定罪并被罚款。他们就其被捕和定罪在德克萨斯州法院系统内进行了上诉。美国最高法院接受了他们要求上诉的请求。

裁决： 是的，德克萨斯州鸡奸法违反了宪法第十四修正案正当程序条款。

论证： 多数意见根据的判例包括适当程序保护隐私权利的案例。他们首先以格里斯沃尔德诉康涅狄格州案开始，然后是艾森施塔特诉贝尔德案，最后是罗诉韦德案。然后他们使用这一判例和本案的事实推翻了鲍尔斯诉哈德威克案，该案为1986年审理的维持了佐治亚州类似的鸡奸法的一个案件。因为罗案今天地位已经不稳，所以与法庭使用的其他案例相比，法庭根据罗案似乎不太具有说服力。

当法庭辩称同性恋人士像异性恋人士一样应享有私密性关系的权利时，它做了道德上的辩护。但是，如果他们论及本案中对立的道德主张，即一方面是恋爱和发生性关系的权利，另一方面是许多美国人相信的"传统"道德，这种道德辩论会更有力些。

当法庭在第568页中声称"本国的法律史上将同性性行为加以特殊区分的时间并不长"时，法庭涉及了历史论点。他们辩称禁止鸡奸法也针对异性恋夫妇，并且直到20世纪70年代才首次出现针对同性恋人士的法律。他们试图使用这一论点推翻鲍尔斯案中所称鸡奸法在美国历史上根深蒂固的论点。他们将鸡奸法和针对同性恋人士的法律分隔开来的做法是准确的，但是感觉不具有说服力。事实上，正如奴隶制和性别歧视那样，鸡奸法由来已久。他们不必推翻历史论点以宣布这些法律违宪。

当法庭在第576页中审视欧洲法庭有关鸡奸法的裁定时，它引入了国际法。欧洲所持的反对憎恶同性恋法律的强烈立场只在我们关注同等国家如何行事时才有说服力。有些大法官关注（比如肯尼迪）而有些不予关注（比如斯卡利亚）。

并行意见：奥康纳同意德克萨斯州的法律违宪但是不同意它违反了正当程序条款。她辩称因为该法律特别针对同性恋人士，所以它违反了平等保护条款。她也相信鲍尔斯案不应被推翻。

反对意见：斯卡利亚辩称立法机构应被允许基于道德立法。他还辩称鲍尔斯案不应被推翻，因为推翻此案会造成法庭裁定的不一致。

学术法律写作

通读本书之后，你会熟悉两位学生作者肯尼迪和雷切尔的作品。你可能还记得，肯尼迪写的是学生司法程序，雷切尔写的是虚拟儿童色情。在本附录中，你会看到这两位学生更多的作品。你也会看到第三位学生乔茜的作品，她写的是关于证券欺诈的诉讼。

摘要

题目：虚拟儿童色情：当《保护（法）》儿童变成一个宪法问题
作者：雷切尔
摘要：虚拟儿童色情，即使用计算机软件而不是真实的儿童制作的色情图像，近来已经上升为有关言论自由的辩论。因为虚拟儿童色情看上去与真实儿童色情无异，因此国会已经将其包括在 2003 年实施的《禁止奴役当代儿童的起诉救济及其他手段法》中而加以禁止。该法律的合宪性已在美国最高法院被挑战，而且因为其具有争议的性质可能会被再次挑战。我辩称因为法院已经允许将儿童色情包括在不受保护的言论中，所以禁止虚拟儿童色情在宪法中也是有效的。据此，我首先审视了美国最高法院的几个案例，最著名的是奥斯本诉俄亥俄州案（1990 年判决）和美国诉诺兰案（1987 年判决），这些案例作为证据表明儿童色情伤害所有儿童，甚至那些并未出现在图像制作中的儿童。然后，我展示了有关成人观看虚拟儿童色情的影响的心理学研究成果。我在解读该证据时参考了著名女权主义者凯萨琳·麦金农的思想，而且表明有充分证据显示将虚拟儿童色情定性为不受保护的言论对政府有重大的利益。

题目：斯通里奇案和证券诈骗诉讼：在美国证券市场危机背景下解释第 10 条（b）款
作者：乔茜·詹姆斯
摘要：作为救市和破产的副产品，美国证券交易委员会已经发现了数以千计的诈骗违法事件。斯通里奇投资合伙人有限公司诉科学亚特兰大公司案（2008 年判决）以限制进行诈骗的二级代理人责任的方式影响了诈骗诉讼。支持该美国最高法院判决的学者们认为该案防止了无

> 根据的诉讼。其他学者认为斯通里奇案限制了投资者挑战共谋诈骗阴谋的能力，对此我表示同意。在本文中，我辩称美国最高法院在斯通里奇案判决中毫无道理地限制了私人核查诈骗型投资公司的权力而且给予政府机构过多的责任。据此，我首先探讨了私人执行美国证券交易委员会规则对于一个有效的市场是多么的至关重要。然后，我展示了法庭对于第10条（b）款的解释缺乏清晰性。最后，我展示了斯通里奇案偏袒公司的方式并指出鉴于最近的金融丑闻此举的危险性。通过聚焦责任而不是犯罪，斯通里奇案使公司不那么关心雇员的诚信。通过限制责任，斯通里奇案剥夺了投资者的权利而且使公司更易于进行诈骗。

论点大纲

以下为乔茜的论点大纲。要注意在该大纲中她提供了多少细节以及她列出了多少特定的原始资料。所有这些前期工作使她撰写文章草稿时更加容易。在大纲的开始部分，她提供了其项目的题目和中心论点。

在撰写论点、反诉和反驳时，她使用了完整的句子。稍后，如果她希望的话，可以在其正稿中使用它们。她的论点组织良好、编号清楚，而且在主要论点下方还有按字母排列的支持性论点。每一个论点或支持性论点都配有可靠证据。

对于每一个列出的原始资料，她都提供了以现代语言协会格式表示的完整的参考书目条目。这样一来，如果她需要再次找到一个原始资料，她总是能够找到。而且当她需要撰写她的援引著作页时，就能从大纲中直接剪贴。当她在大纲中首次提及一个原始资料时，都会在圆括号中表示。当她再次提及该原始资料时，会使用缩写来指示该原始资料。

作者：乔茜·詹姆斯
论点大纲：斯通里奇案和证券诈骗诉讼：在美国证券市场危机背景下解释第10条（b）款
论题：在本文中，我辩称美国最高法院在其斯通里奇投资合伙人有限公司诉科学亚特兰大公司案的判决中不公平地限制了私人核查诈骗型投资公司的权力，同时将过多的责任和权力置于政府机构手中。

1. 私人执法对于有效的市场是必要的

1-A．反诉：私人能够起诉与诈骗有牵连的二级代理人将引起对没有根据的诉讼的恐惧，而且将导致公司和投资者选择外国证券市场而不是美国证券市场。

可靠证据：

Rose, Amanda M. "Reforming Securities Litigation Reform: Restructuring the Relationship Between Public and Private Enforcement of Rule 10b-5." Columbia Law Review 108.6（2008）: 1301-1364. JSTOR. Web. 1 March 2010.（First mention of source.）

罗丝辩称第10条b-5款规则过于宽泛。她主张由美国证券交易委员会来进行公共执法。她说许多学者相信第10条b-5款规则可能导致没有根据的集团诉讼。

1-B．反驳：其他人辩称私人执法带来市场的透明和有效，而且实际上鼓励国际和国内参与者进入美国证券市场。

可靠证据：

Gomm, Seth S. "See No Evil, Hear No Evil, Speak No Evil: Stoneridge Investment Partners, LLC v. Scientific-Atlanta, Inc. and the Supreme Court's Attempt to Determine the Issue of Scheme Liability." Arkansas Law Review 61.3（2009）: 453-486. Print.（First mention of source.）

戈姆解释了斯通里奇案和美国证券交易委员会的关系，而且在概括了市场透明的益处的同时展示了限制私人的力量可能如何负面地影响金融市场。

主要原始资料：

Sarbanes-Oxley Act. Pub. L. 107-204. 30 Jul 2002. 116 Stat. 745. GPOAccess.gov. Web. 1 March 2010. Available at: <http://frwebgate.access.gpo.gov/cgi-bin/getdoc.cgi?dbname=107_cong_bills&docid=f: h3763enr.tst.pdf>.

Securities Exchange Act. Pub. L. 48. 6 June 1934. 48 Stat. 881. 19 Feb. 2009. Securities Lawyer's Deskbook. University of Cincinnati College of Law. Web. 1 March 2010. Available at: <http://www.law.uc.edu/CCL/34Act/>.

这两项法律定义了美国市场对透明的需要。

过渡：通过偏袒企业而不是私人，斯通里奇案在很大程度上使私人不能对从事诈骗的二级代理人发挥看守者的作用。该案判决不仅排除了这一市场管理的方法，而且也未能建立起一个有效的替代方法。

2. 斯通里奇案的裁决过于模糊以至无效

2-A．各法院没有一个处理证券诈骗案的合理程序。目前联邦巡回法院系统对此案判决有分歧。

2-B．该判决意见书留下了太多的未经定义和未加涉及之处，迫使下级法院自行填补太多的空白。

证据：将斯通里奇案与其他在法院论证和裁决上有漏洞而引起混乱的诈骗案例相比会支持这些观点。

相比较的案例：

Central Bank, N.A. v. First Interstate Bank, N.A. 511 U.S. 164. U.S. Supreme Ct. 1994; Simpson v. AOL Time Warner, Inc. 452 F.3d 1040. U.S. Ct. of Appeals for the Ninth Circuit. 2006; Blue Chip Stamps v. Manor Drugs

Stores. 421 U.S. 723. U.S. Supreme Ct.1975.

2-C．斯通里奇案已经被许多后来的案例所修正。审视这些裁决展示了斯通里奇案裁决中一些模糊的领域。

修正斯通里奇案的案例证据：

SEC v. Tambone. 550 F.3d 106. U.S. Ct. of Appeals for the First Circuit. 2008 (Stoneridge cited in dissenting opinion); In re Parmalat Sec. Litig.__F. Supp.2d__. U.S. Ct. of Appeals for the Second Circuit. 2009. LEXIS 6329. (Decision contrast to Stoneridge); In re Bristol Myers Squibb Co. Sec. Litig. 586 F. Supp.2d 148. U.S. Ct. of Appeals for the Second Circuit. 2008.; Marini v. Janus Inv. Fund. U.S. Ct. of Appeals for the Fourth Circuit. 2008. LEXIS 106333.; SEC v. Bolla. 550 F. Supp.2d 54. U.S. Ct. of Appeals for the D.C. Circuit. 2008.

2-D．对于斯通里奇案是将更多的权利置于投资者手中还是将更少的权利置于投资者手中存在争议。

可靠证据：

Rose, Amanda M. "Reforming Securities Litigation Reform."

罗丝辩称由于斯通里奇案的判决，更多的权利将给予私人。戈姆和普伦蒂斯都认为斯通里奇案把更少的权利给予了私人投资者。但是我想继续检索直到找出能够更清晰地概括这一点的替代原始资料。

过渡：法庭解释第10条（b）款和第10条b-5款规则的方式导致更少的权利被置于投资者手中。

3．法庭对于第10条（b）款和第10条b-5款规则的解释与现有法律先例（法律先例）冲突

3-A．下级法院有为何时可以将二级违法者作为主要违法者审判提供准则的系统：清晰路线测试、实质参与测试、主要责任和次要责任以及它们与阴谋责任的关系。

可靠证据：

Souza, Travis S. "Freedom to Defraud: Stoneridge, Primary Liability, and the Need to Properly Define Section 10（b）." Duke Law Journal 57.4 （2008）: 1179–1207. Print.（First mention of source.）

特拉维斯㊃索查概括了这些不同的测试并展示了它们与斯通里奇案的关系。

主要可靠证据：

Simpson v. AOL Time Warner, Inc. 452 F.3d 1040. U.S. Ct. of Appeals for the Ninth Circuit. 2006.

该案例为实质参与测试的例子。

过渡：这些下级法院的先例更接近于第10条（b）款和第10条b-5款规则的立法意图。

4. 法院对于第10条（b）款和第10条b-5款规则的解释与这些法律的立法意图相去甚远

4-A. 立法意图是无论被指控者为何人都要为有罪者定罪提供方法。

可靠证据：

Souza, Travis S. "Freedom to Defraud."

索查称法院背离了第10条（b）款的立法意图。

4-B. 法院忽视了第10条（b）款的条文而赞成一种藐视许多现有立法形式的解释。

可靠证据：

Prentice, Robert A. "Stoneridge, Securities Fraud Litigation, and the Supreme Court." American Business Law Journal 45.4（2008）: 611–683.（First mention of source.）

普伦蒂斯说法院通过限制几十年来业已存在的自由而越过其界线了。

4-C. 反诉：第10条b-5款规则和第10条（b）款都是为美国证

券交易委员会而不是一般大众撰写的准则。

可靠证据：

Rose, Amanda M. "Reforming Securities Litigation Reform."

罗丝称第10条b-5款规则的范围被限制在美国证券交易委员会内部。

4-D．反驳：它概括了什么是非法的而且在法庭上被法官们用作先例，所以它应该扩展为能被人民使用的先例。

可靠证据：

第10条b-5款规则和第10条（b）款已经被目前为止提及的每一个案例中的论证所援引（请见以上列出的案例）。

过渡：承认摩托罗拉和科学亚特兰大公司的行为是欺骗性的，但是又说它们未能满足第10条（b）款的标准，这是一个内在的悖论。

5. 法庭对于第10条（b）款的解释是不道德的

5-A．摩托罗拉和科学亚特兰大公司清楚了解它们进行了诈骗行为，法院也承认这一论点。

主要可靠证据：

Stoneridge Inv. Partners, LLC. v. Scientific-Atlanta, Inc. Oral Argument. 552 U.S. ___. 128 S. Ct. 761. U.S. Supreme Ct. 2008. 24 Feb. 2009. Available at: http://www.oyez.org/cases/2000-2009/2007/2007_06_43/argument/.

5-B．相对于第10条（b）款来讲，他们对于依赖的解释过于严格。已满足依赖的定义。

可靠证据：

Gomm, "See No Evil."

戈姆称依赖先例在本案中已经满足，但是美国最高法院将它扩大化了以便做出他们的裁定。

Souza, "Freedom to Defraud."

索查主张法院误读了第10条（b）款的意图。

过渡：斯通里奇案裁决开了一个没有道德的先例。法院发表的判决意见书暗示只要公司没有向公众披露其虚假交易，它们就没有责任。

可靠证据：

Gomm, Seth S. "See No Evil."

戈姆展示了被挫败的逻辑，即只要一个公司不让人们知道它进行了诈骗，就允许它从事诈骗。

6. 由斯通里奇案和中部银行案所确立的先例不清楚，而且易于被从事诈骗行为的当事人操纵（道德、历史、社会共识）

6-A. 法院的裁决造成了偏袒公司的法律漏洞。"缩小途径"：使用司法裁决作为市场行为的准则是有问题的。

可靠证据：

Rose, "Reforming Securities Litigation Reform."

罗丝称目前对于10条（b）款的处理的副产品是法院造成了法律漏洞和不断变化的先例。

6-B. 看上去法院的判决是基于它们想让下级法院偏袒哪一方。

可靠证据：

Chrisman, Rodney D. "Stoneridge v. Scientific-Atlanta: Do Section 10（b）and Rule 10b-5 Require a Misstatement or Omission？" QLR 26.4（2008）: 839-918. Print.（First mention of source.）

克里斯曼辩称法院进行判决时并没有基于政策考虑。

6-C. 摩托罗拉、特许通讯公司和科学亚特兰大公司的行为，尤其是它们同公众的交流，在许多方面是与导致诸如美国国际集团、贝尔斯登公司、雷曼兄弟公司和许多其他公司最近的丑闻/破产的行为相一致的。

可靠证据：

Gomm, Seth S. "See No Evil."

戈姆概括了可能被视为诈骗性并应负有阴谋责任的交易类型。戈

> 姆也指向在笔录中的证据，问道"融资业务的范畴"和"一般业务经营范畴"是否有区别。
>
> 主要可靠证据：
>
> Stoneridge Inv. Partners, LLC. v. Scientific-Atlanta, Inc. 552 U.S. __. 128 S. Ct. 761. U.S. Supreme Ct. 2008. 24 Feb. 2009.
>
> 这个判决意见书概括了公司是如何进行诈骗行为的。

研究文章

以下为乔茜的正稿。如果你想阅读另一篇样板文章，雷切尔文章的大部分是在第五章。

如果你读了刚刚给出的论点大纲，那么你已经熟悉了乔茜文章的许多内容。你能够看到她是如何从一个有高度组织性的大纲转换到同样组织良好的研究文章的。

乔茜在本文中做了许多事情。要注意她有力的路标和主题句。注意她是如何很好地将原始资料融入正文中的。你总是了解是谁在她的段落中"讲话"。即使你不太了解证券管理，乔茜的背景段落提供了你能够明白其论点的充分信息。

乔茜·詹姆斯
普瑞尔教授
英文课305，第一班
2010年3月5日

斯通里奇案和证券诈骗诉讼：
在美国证券市场危机背景下解释第10条（b）款

　　由于几十亿美元的救市和破产以及伯纳德·麦道夫之流，国会和美国证券交易委员会正在处理数以千计的诈骗违法事件。许多投资者、商号、慈善机构和捐赠项目已经损失了其大部分资产。当受害者因公司丑闻正在寻求对其损失的补偿时，美国最高法院以斯通里奇投资合伙人有限公司诉科学亚特兰大公司案（2008年判决）确立的证券诈骗诉讼先例的重要性重新显现出来。斯通里奇案的判决限制了私人起诉从事诈骗的二级代理人的能力。支持斯通里奇案判决的商业和法律学者们称该判决将防止没有根据的诉讼并增加对于美国证券市场的信任和参与程度。另一方面，反对该判决的学者们辩称它将因为解除了私人投资者应对处置其资产失当的公司的权利而抑制市场发展。虽然我同意没有根据的诉讼的泛起会阻碍公司参与美国证券市场，但是我认为已经有足够的方法消除此等诉讼。此外，我认为私人可以挑战所有滥用了投资者信任的公司对于美国民主的成功至关重要。在本文中，我辩称美国最高法院在斯通里奇案的判决中不公平地限制了私人核查诈骗型投资公司的权力，同时将过多的权力置于政府机构手中。将额外的责任加给已经备受责难的美国证券交易委员会将造成失察和市场缺陷，后者将伤害投资者并增加公司间的非法共谋欺诈。为了证明该点，我首先探讨了私人执法美国证券交易委员会规则对于一个有效率和成效的市场是多么的至关重要。然后，我展示了因为法院对于第10

条（b）款的解释，斯通里奇案的判决作为一种有效的市场管理方法是不清晰的。最后，我将展示该法庭判决偏袒公司并指出鉴于最近的金融丑闻此举的危险性。

为了了解斯通里奇案是如何影响了证券诈骗诉讼，首先有必要审视该案和它所依据的立法。斯通里奇投资合伙人有限公司是一起针对科学亚特兰大公司和摩托罗拉的集团诉讼中的主要原告，起诉理由为这两家公司故意与特许通讯公司共同诈骗，以夸大后者股价的方式在2000财年中误导了股东们。通过向特许通讯公司以超出正常售价二十美元的价格出售有线电视转换盒，并同意以购买特许通讯公司广告的方式对超出价格进行补偿，摩托罗拉和科学亚特兰大公司让特许通讯公司造成了收入的假象（斯通里奇案第766-767页）。这些公司将有线电视转换盒的销售日期提前以便同购买广告的日期看上去是分开的。当特许通讯公司向美国证券交易委员会上报该财年的财务报表时，该公司的价值被夸大了一千七百万美元（斯通里奇案第767页）。美国最高法院裁决摩托罗拉和科学亚特兰大公司在该案中的角色是如此的间接以至于没有对投资者造成伤害。在多数判决意见书中，肯尼迪大法官说"我们确定被上诉人的行为没有被投资者们所依赖，因此，不能让被上诉人承担责任"（斯通里奇案第769页）。依据该判决，根据被夸大的股价购买特许通讯公司股票的投资者们不能向摩托罗拉或科学亚特兰大公司寻求补偿。法庭论证主要依据两项立法：证券交易法的第10条（b）款和美国证券交易委员会的第10条b-5款规则。根据证券交易法第10条（b）款的规定："个人凡直接或间接地……利用购买或出售任何证券……使用任何操纵的或骗人的手段和方法，违反委员会制定的必要的规则和规章的均属违法。"与此相类似的是，美国证券交易委员会的第10条b-5款规则规定"使用任何手段、阴谋或诡计诈骗的"均属违法。稍后，我将审视法院对于第10条（b）款和第10条b-5款规则的解释，但是我首先想展示为什么对这些法律的私人执法对于健康的市场是至关重要的。

　　因为斯通里奇案的裁决，私人投资者难于在法庭上挑战诈骗同谋犯。但是，我的观点是私人执法市场规则和规章对于繁荣的市场是至关重要的。当考虑该观点时，我认为首先考虑不赞成私人执法的学者之论证是有益的。他们相信私人能够起诉间接参与诈骗的公司会导致对于没有根据的诉讼的恐惧，进而影响整个行业并阻碍市场参与。这是范德堡大学法学副教授阿曼达·罗丝所提出的观点。她写道"法律和经济学教育我们由'为赏金而追捕逃犯者'执法一项过于宽泛的例如第10条b-5款规则的法律，会导致过度威慑而且会阻碍政府为设立有效执法政策的努力"（第1301页）。罗丝的观点是，由于第10条b-5款规则能够被宽泛地解释，它可能导致没有根据的集团诉讼，并会阻碍公司将其业务带到美国市场来（第1301-1302页）。虽然罗丝确实提出了第10条b-5款规则的一个可能的负面结果，但是我不同意她的评价。辩称私人执法对于美国市场是有益的学者们的论点会更有力一些。这个意见有两个部分。第一，威慑没有根据的诉讼的措施已经存在。其中的一例为1995年的私人证券诉讼改革法。该法规定"原告必须举证证明被控违反了本法的被告的行为或不作为造成了损失"［私人证券诉讼改革法第78条u-4（4）款］。换句话说，该法规定原告必须拥有指向有意诈骗的证据才能进行诉讼。第二，私人执法是美国证券交易委员会监督程序的必要补充。塞思·戈姆，一位公司和证券法执业律师和商法学者，说"允许股东对阴谋诈骗的二级代理人就第10条（b）款提起私人的诉讼可以提高美国证券市场的效率、透明度和诚信。被这些阴谋直接伤害的投资者应该能够提起私人诉讼以便寻求对其损失的补偿而不必等待美国证券交易委员会采取行动"（第455页）。换句话说，允许个人起诉诈骗型公司增强了惩罚那些违反了市场规章的行为的及时性和准确性。戈姆论点的实质是由于私人投资者密切关注其投资的公司，他们可以注意到那些美国证券交易委员会忽视的东西

（第455页）。因为斯通里奇案在很大程度上使私人不能对从事诈骗的二级代理人发挥看守者的作用，所以该案减少了私人执法的益处。该案判决不仅排除了一项至关重要的市场管理方法，而且也未能建立起一个有效的替代方法。

斯通里奇案不仅扼杀了自然的市场核查，而且它也缺乏有效管理证券市场的清晰性。该案不是唯一一个犯此错误的案例。问题出在中部银行公司诉第一洲际银行公司案（1994年判决），它是一个以前的判例。其裁决反对让诈骗的共犯承担"私人民事责任"，声称它不属于第10条（b）款的范围（中部银行公司案第177页）。为了查明斯通里奇案的失败，首先有必要了解中部银行公司案是如何造成了下一级法院的分歧，这些分歧正是斯通里奇案需要解决的。在中部银行公司案中，法庭形成了为使一方在第10条（b）款规定下承担责任而必须符合的标准。通过使用基本公司诉莱文森案（1988年判决）作为先例，中部银行公司案法庭称必须满足"依赖要求"。他们裁决"第10条（b）款诉讼中的原告必须证明他依赖了被告的虚伪陈述才能追偿损失"（中部银行公司案第178页）。虽然该判决的一部分出发点是保护非故意帮助了诈骗的一方，但是法庭未能充分地概括出用于如下案件的程序：第二方代理人已经满足依赖要求，或第二方代理人从事共谋诈骗，即被称为阴谋责任的情形。我同意法律学者特拉维斯·索查认为该法庭判决太模糊的观点。他观察到"下级法院要自己确定在第10条（b）款和第10条b-5款规则下，一位代理人的行为何时才能使其成为主犯"，而且他断言自中部银行公司案判决以来，出现了更多的有关主要责任定义的案例（第1182-1183页）。索查的观点是身处中部银行公司案判决的余波中，法庭必须自己想办法区分主要和次要责任（第1182-1183页）。它们的方法五花八门，既有最宽泛的，也有最狭隘的。例如，在辛普森诉美国在线时代华纳有限公司案（2006年判决）中，如果二级代理人实质性地参与了诈骗行为，美国联邦第九上诉法院会使他们承担阴谋责任（辛普森案第1043页）。但是在加利福尼亚州大学校务委员会诉瑞士信贷第一波士顿（美国）银行公司案（2007年判决）中，美国联邦第五上诉法院采用了主要责任的一个更狭隘的定义，法庭称该责任限制在那些进行了"公开的和实质性的虚伪陈述，即那种一个有效的市场可能假定会依赖的诈骗"的被告人（瑞士信贷公司案第386-387页）。对于中部银行公司案判决的解释空间证明了它所引发的混乱。另外，许多学者感到斯通里奇案目前正在以同样的方式影响着下级法院。

虽然斯通里奇案有机会使确立第二方诈骗责任的程序合理化，但是它留下了太多未解决的问题以至于难以完成该目标。像中部银行公司案判决那样，它未能直接涉及阴谋责任（索查，第1194-1199页）。美国联邦第二上诉法院已经质疑了斯通里奇案的局限性。例如，在关于帕玛拉特公司证券诉讼案（2008年判决）中，虽然两个案件事实上均与违反美国证券交易法有关，但是该法庭还是无视了由斯通里奇案确立的先例。刘易斯·A.卡普兰法官解释道："斯通里奇案并没有处理在此提出的问题，即委托人是否应为其代理人在该代理人工作职责范围内的违反了证券交易法的行为承担替代性责任。我们有充分的理由说明为什么该裁决不应被延伸，至少不应被一家地区法院延伸。"（关于帕玛拉特公司证券诉讼案第13页）我认为这一混乱来自法院对在上述所有案例中都使用了的第10条（b）款不合惯例的解释。特拉维斯·索查对此表示同意，他写道："不幸的是，美国最高法院看上去未能击中目标。它没有认识到第10条（b）款和第10条b-5款规则对于主要责任尤其是阴谋责任和对于协助和教唆责任的语言表述有天壤之别。"（第1206页）索查的评论指出了一个事实，即斯通里奇案在该争点上的含糊不清是使其成为无效市场调节器的原因。

既然我已经证明了斯通里奇案在市场和法律体系中引起的无效率，我将审视为什么我认为法庭误读了第10条（b）款和第10条b-5款规则。通过过于狭隘地解释诈骗责任，法庭背离了这些法律的立法意图和1934年证券交易法的本来目的（普伦蒂斯，第622-623页）。第10条（b）款的立法意图是无论被指控者为何人都要为有罪者定罪提供方法。相比之下，法庭的解释限制了谁能够成为有罪的一方，而且将识别这些违法行为的主要责任置于美国证券交易委员会手中。罗伯特·A.普伦蒂斯，一位德州大学奥斯汀分校的商法教授，也认为1934年立法者的意图为惩罚任何故意参与了诈骗的人。普伦蒂斯断言"鉴于业已存在的法律，国会必然会设想故意参与证券诈骗将导致连带责任，此时加入一则明确规定来强加一种协助和教唆的二级责任就会显得多余了"（第622-623页）。其论点的实质为主要责任和次要责任的区别在该法律的本来意图下是一个争议已不复存在的观点（第622-623页）。将该论证适用于斯通里奇案时就会毫无疑问，即在原制定法下，责任将延伸至诸如摩托罗拉和科学亚特兰大公司一类的共谋诈骗公司。

虽然我同意普伦蒂斯的评价，但是重要的是要注意第10条（b）款的范围已经被近来的证券诈骗案例缩小了，最明显的是中部银行公司案。但是，我认为即使考虑到第10条（b）款的范围已经被缩小了，法庭的解释依然背离了立法意图。正如我在前面所述，斯通里奇案法庭宣布，鉴于由中部银行公司案确立的先例，原告必须满足一项依赖要求（斯通里奇案第768页）。法庭觉得摩托罗拉和科学亚特兰大公司是如此远离投资者从而不应负责，而且裁决依赖要求未予满足（斯通里奇案第769页）。肯尼迪写道，因为"投资大众中无人了解……被上诉人在相关时间内的诈骗行为"，所以它们不负责任（斯通里奇案第769页）。我不同意法庭的结论。无论投资者是否了解特许通讯公司与摩托罗拉和科学亚特兰大公司的具体交易行为，当他们购买股票时，他们依然依赖了由这些公司提供的数据。和法律学者索查一样，我感觉法庭在斯通里奇案的判决中扩大了依赖要求（索查，第1195页）。根据索查的说法，"法庭对依赖要求的使用是有缺陷的。在第10条（b）

款中依赖是一个因素,用以确保在被告的行为和投资者的损失之间有充分的因果联系。而这一点广为人知。法庭从未裁决过投资者必须了解造成虚伪陈诉的具体行为才能满足依赖要求。"(第1195页)索查坚称法庭的这种解释蔑视了法律先例,因为以前有过很多案例,其中依赖要求可以更容易被满足。斯通里奇案判决采用了一个不同的、更加严格的标准。通过要求斯通里奇案中的原告满足加强的举证要求,法庭特别制定了政策将更少的权力置于投资者手中。这表明法庭的裁决是基于预期的影响而不是先例。

为了探究这一主张,我现在将展示当审视法庭的论证时,法庭裁决的道德是如何受到质疑的。承认摩托罗拉和科学亚特兰大公司的行为是欺骗性的,但是又说它们未能满足第10条(b)款的标准,这是一个内在的悖论。摩托罗拉和科学亚特兰大公司清楚了解它们从事了诈骗行为,法庭也承认这个论点。在史蒂文斯大法官的反对意见中,他写到特许通讯公司夸大其收入时说"没有科学亚特兰大公司和摩托罗拉公司的故意诈骗行为,它是不可能诈骗的。投资者依赖了特许通讯公司的收入报表才决定是否向特许通讯公司投资而且在投资时依赖了被上诉人的诈骗,而该诈骗行为正是1934年证券交易法第10条(b)款所禁止的'骗人的手段'"(斯通里奇案第774页)。学者们也坚称法庭扩大依赖要求是不合适的。我同意塞思·戈姆的论述,他将道德延伸到了法庭对于依赖的解释。他断言"结果看上去是,只要公司不向公众披露它们参与的虚假合同和交易的真相(所以造成了依赖),公司可能就不会受到来自股东的私人诉讼"(第455页)。法庭发布的判决意见书暗示只要公司没有向公众披露其虚假交易,它们就没有责任(戈姆,第455页)。看上去法庭的裁决是基于对政策的影响而不是该案的事实。

斯通里奇案和其他证券诈骗案例的一个关键问题是法院裁决造成了偏袒公司的法律漏洞。许多学者担心试图进行诈骗活动的参与者将操纵斯通里奇案的裁决。我同意阿曼达·罗丝的观点,她说使用司法裁决作为市场行为的准则是有问题的。罗丝认为威慑不足和威慑过度都是第10条（b）款责任的问题（第1350-1358页）。正如我稍早时所述，我不同意威慑过度是对第10条（b）款的严重威胁。但是，我同意允许法庭不公正地划分第10条（b）款的范围是危险的。罗丝说"要点是缩小途径的危险是用包括不足取代了包括过度。实际上，它的危险是精确地造成了过于宽泛的法律试图避免的"漏洞"。例如，取消企业在第10条（b）款私人诉讼中的责任会保证公司不会过度投资于预防措施以保护自己免受其代理人诈骗所造成的风险，但是它也会导致对于预防措施的投资不足"（第1353页）。换句话说，公司就不会那么认真地审查它们选择合作的公司的诚信了。这已经是一个相关的问题。例如，考虑一下美国国际集团选择为那些支持具有低信贷评级的不可靠借款人的不恰当数据的公司投保。法庭的判决不仅造成了法律漏洞，而且其判决看起来是基于他们想让下级法院偏袒哪一方。罗德尼·克里斯曼，一位自由大学的法学助理教授，说该判决如此令人困惑的一个原因是法庭的判决是基于可预见的影响而不是修辞学（第916页）。他说："基于政策而不是法律论点的判决，时常会带来不确定性和意想不到的结果，并会无情地导致更多诉讼纷争。这也正是在斯通里奇案中美国最高法院似乎是如此绝望地想要避免的结果。"（第916页）稍后，克里斯曼说"虽然可以辩论说法庭做出了正确决定，但是很明显它是出于政策考虑而不是基于对法律进行认真的和深思熟虑的分析而做出的判决"（第918页）。克里斯曼认为法庭做出了正确决定是因为他认为第10条（b）款和第10条b-5款规则要求一个直接的虚伪陈述（第916-918页）。我在之前已经表示过我不同意这一解释。但是，我确实同意该判决是不恰当地基于政策做出的，而不是基于法律论点。偏袒公司的判决是法庭很快就会后悔的一项判决。斯通里奇案就是在抵押贷款危机和几十家主要企业和银行倒闭之前判决的。美国证券交易委员会不能作为孤独的守卫者，因为在最近的历史中，它未能识别出证券行业存在的许多主要断层线。

斯通里奇案的瑕疵在于法庭的焦点是被告是否有资格承担主要责任而不是它们是否有罪。像中部银行案那样，斯通里奇案因为背离了证券诈骗诉讼的全部意图，即识别出诈骗犯罪，而使下级法院困惑。正如索查强调的那样"证券管理的驱动原理是威慑，在第10条（b）款的上下文中，威慑的目的应该受可预见性的束缚"（第1205页）。换句话说，法庭必须专注于惩戒犯罪者（索查，第1204-1205页）。在20世纪，国会已经多次尝试以立法的方式保护投资者免受不良公司的伤害，如1934年证券交易法和2002年萨班斯－奥克斯利法案。上述两项法律均对上市公司采取更加严格的透明度和责任标准。但是，通过对于第10条（b）款的如此狭隘的解释，法庭限制了这些努力的效果。我认为法院将会对其判决后悔，因为它已经开始看到斯通里奇案带给美国证券市场的种种无效率。塞思·戈姆同意以上观点，他写道："虽然目前的法庭很可能不会在近期允许阴谋责任诉讼，但是当国会看到了允许第10条（b）款这一类诉讼的智慧时，它可能会采取有利于股东－原告的行动。"（第454页）戈姆的观点是美国证券市场很快就会感觉到私人原告缺失的影响了，对此预测我表示同意。摩托罗拉、特许通讯公司和科学亚特兰大公司的行为，尤其是它们同公众的交流，在许多方面是与导致诸如美国国际集团、贝尔斯登公司和雷曼兄弟公司最近的丑闻和破产的行为相一致的。我们需要个人投资者的审查来保证这些重组公司不会继续从事轻率的市场行为。投资者的建议对于一个自由的和有成效的市场是至关重要的。阴谋责任是当今社会面对的一个主要问题。斯通里奇案确立了一个危险的先例，它将权力从投资者手中消除而将额外的负担置于本来已经不堪重负的美国证券交易委员会手中，而且它还使公司更加易于进行使诡计和诈骗得以永续的卑鄙的阴谋活动。

援引著作

Central Bank, N.A. v. First Interstate Bank, N.A. 511 U.S. 164. U.S. Supreme Ct. 1994. Justia.com. Web. 1 March 2010.

Chrisman, Rodney D. "*Stoneridge v. Scientific-Atlanta*: Do Section 10(b)and Rule 10b-5 Require a Misstatement or Omission?" *QLR* 26.4(2008): 839-918. Print.

Gomm, Seth S. "See No Evil, Hear No Evil, Speak No Evil: *Stoneridge Investment Partners, LLC v. Scientific-Atlanta, Inc.* and the Supreme Court's Attempt to Determine the Issue of Scheme Liability." *Arkansas Law Review* 61.3 (2009): 453-486. Print.

In re Parmalat Sec. Litig. __F. Supp. 2d__. U.S. Ct. of Appeals for the Second Circuit. 2009. LEXIS 6329. LexisNexis. Web. 1 March 2010.

Prentice, Robert A. "*Stoneridge*, Securities Fraud Litigation, and the Supreme Court." *American Business Law Journal* 45.4(2008): 611-683.

Private Securities Litigation Reform Act. Pub. L. 104-67. 04 Jan. 1995. 109 Stat. 737. Cornell Legal Information Institute. Web. 1 March 2010. Available at: <http://www.law.cornell.edu/uscode/15/usc_sec_15_00000078--u004-.html>.

Regents of the University of California v. Credit Suisse First Boston (USA), Inc. 482 F. 3d 372. U.S. Ct. of Appeals for the Fifth Circuit. 2007. LexisNexis. Web. 1 March 2010.

Rose, Amanda M. "Reforming Securities Litigation Reform: Restructuring the Relationship Between Public and Private

Enforcement of Rule 10b-5." *Columbia Law Review* 108.6 (2008): 1301–1364. JSTOR. Web. 1 March 2010.

Sarbanes-Oxley Act. Pub. L. 107-204. 30 Jul 2002. 116 Stat. 745. GPOAccess.gov. Web. 1 March 2010. Available at: <http://frwebgate.access.gpo.gov/cgi-bin/getdoc.cgi?dbname=107_cong_bills&docid=f:h3763enr.tst.pdf>.

Securities Exchange Act. Pub. L. 48. 6 June 1934. 48 Stat. 881. 19 Feb. 2009. Securities Lawyer's Deskbook. University of Cincinnati College of Law. Web. 1 March 2010. Available at: <http://www.law.uc.edu/CCL/34Act/>.

Simpson v. AOL Time Warner, Inc. 452 F.3d 1040. U.S. Ct. of Appeals for the Ninth Circuit. 2006. LexisNexis. Web. 1 March 2010.

Souza, Travis S. "Freedom to Defraud: *Stoneridge*, Primary Liability, and the Need to Properly Define Section 10(b)." *Duke Law Journal* 57.4 (2008): 1179–1207. Print.

Stoneridge Inv. Partners, LLC. v. Scientific-Atlanta, Inc. 552 U.S. __. 128 S. Ct. 761. U.S. Supreme Ct. 2008. Justia.com. Web. 1 March 2010.

附 信

以下为肯尼迪寄给几家学术杂志编辑的附信。

肯尼迪·安德鲁斯
第 0000 号邮箱
北卡罗来纳州教堂山 27514
kenn.andrews@uncch.edu

(555) 555-5555

2000年1月1日

凯蒂·罗丝·格斯特·普瑞尔编辑
《密纳瓦本科法律杂志》
第0000号邮箱
北卡罗来纳州达勒姆 27701

亲爱的普瑞尔教授：

敬请考虑随函附上的题为《"强加于奴隶种族的不平等法律"：在刑事和民事法庭中的学生司法证据之有效性》的手稿（共3,445字），期望在下一期的《密纳瓦本科法律杂志》上发表。我是北卡罗来纳大学教堂山分校主修历史和意大利语的大四学生。我的研究兴趣集中于学生司法程序和民事及刑事审判相交叉的领域。本文从未发表过。

因为《不平等法律》一文直接论述了学生司法程序和它与民事及刑事审判的交集的争点，所以《密纳瓦本科法律杂志》为发表本文的最佳杂志。本文代表了我四年中在一个由学生组织的司法体系中的顶点——既作为为学生辩护的律师又作为因学生违反荣誉守则而起诉他们的学生司法副部长。尚未有文章论述过在学生司法程序中所收集到的证据和它与民事及刑事法庭证据规则之间的相互影响。本文提供了对于一部令人困惑的联邦法律即《家庭教育、权利和隐私法》（FERPA）的审视。另外，本文还将该法律适用于一个民事及刑事法庭还远未触及的题材。

随函附上以微软Word格式撰写的本文的全文和一篇简短的摘要。我采用了现代语言协会引用格式。欢迎编辑委员会提出的任何修改建议。敬请以电子邮件和电话同我联系。我的联系方式已在信笺抬头中列明。感谢您的考虑并期待着您的决定。

此致

肯尼迪·安德鲁斯

援引著作

Aristotle. *Rhetoric*. Trans. W. Rhys Roberts. Mineola, NY: Dover Publications, 2004.

The Bluebook: *A Uniform System of Citation*. 18th Ed. Cambridge, MA: The Harvard Law Review Association, 2005.

Bouchoux, Deborah E. *Aspen Handbook for Legal Writers*: *A Practical Reference*. New York: Aspen, 2005.

Clinton, William Jefferson. "Memorandum on Plain Language in Government Writing." June 1, 1998. In *Administration of William J. Clinton, 1998*. Government Printing Office Federal Digital System. Available at: http://www.gpo.gov/fdsys/pkg/WCPD-1998-06-08/pdf/WCPD-1998-06-08- Pg1010.pdf.

Davis, Richard A. "Anatomy of a Smear Campaign." Boston.com: *The Boston Globe* online. March 21, 2004. Available at: http://www.boston.com/news/politics/president/articles/2004/03/21/the_anatomy_of_a_smear_campaign/? page=2.

Dernbach, John C. et al. *A Practical Guide to Legal Writing and Legal Method*. 3rd Ed. New York: Aspen Publishers, 2007.

District of Columbia v. Heller. 554 U.S. __. 128 S. Ct. 2783. Supreme

Court of the United States. 2008.

Kempin, Jr., Frederick G. *Historical Introduction to Anglo-American Law in a Nutshell.* 2nd Ed. St. Paul, MN: West Publishing Co., 1973.

Jefferson, Thomas. The Declaration of Independence. 1776. Available at: http://en.wikisource.org/wiki/United_States_Declaration_of_Independence.

Lawrence v. Texas. 539 U.S. 558. Supreme Court of the United States. 2003.

McKinney, Ruth Ann. *Reading Like a Lawyer: Time-Saving Strategies for Reading Law Like an Expert.* Durham, NC: Carolina Academic Press, 2005.

Modern Language Association. *MLA Style Manual and Guide to Scholarly Publishing.* 3rd Ed. New York: Modern Language Association, 2008.

Truth, Sojourner. "Ain't I a Woman." 1851. Available at: http://en.wikisource.org/wiki/Ain%27t_I_a_Woman%3F.

Volokh, Eugene. *Academic Legal Writing: Law Reviews, Student Notes, and Seminar Papers.* New York: Foundation Press, 2003.

图书在版编目（CIP）数据

法律写作简明指南 /（美）凯蒂·罗丝·格斯特·普瑞尔著；顾明译 . -- 北京：北京联合出版公司，2018.5
ISBN 978-7-5596-1728-6

Ⅰ . ①法… Ⅱ . ①凯… ②顾… Ⅲ . ①法律文书—写作—指南 Ⅳ . ① D916.13-62

中国版本图书馆 CIP 数据核字（2018）第 029150 号

Authorized translation from the English language edition, entitled A SHORT GUIDE TO WRITING ABOUT LAW, 1E, by GUEST PRYAL, KATIE R, published by Pearson Education, Inc., Copyright ©2011 by Pearson Education, Inc.

All rights reserved. No part of this book may be reproduced or transmitted in any form or by any means, electronic or mechanical, including photocopying, recording or by any information storage retrieval system, without permission from Pearson Education, Inc.

Chinese Simplified language edition published by PEARSON EDUCATION ASIA LTD., and BEIJING UNITED PUBLISHING CO., LTD Copyright©2018.

版权所有。未经出版人事先书面许可，对本出版物的任何部分不得以任何方式或途径复制或传播，包括但不限于复印、录制、录音，或通过任何数据库、信息或可检索的系统。
本书中文简体字翻译版由培生教育出版亚洲有限公司和北京联合出版有限责任公司合作出版。
版权 © 2018 由培生教育出版亚洲有限公司与北京联合出版有限责任公司所有。

本书封面贴有 Pearson Education 防伪标签，无标签者不得销售。

法律写作简明指南

著　者：［美］凯蒂·罗丝·格斯特·普瑞尔
译　者：顾　明
选题策划：后浪出版公司
出版统筹：吴兴元
责任编辑：熊　娟
特约编辑：汪　慧
营销推广：ONEBOOK
装帧制造：墨白空间·韩凝

北京联合出版公司出版
（北京市西城区德外大街 83 号楼 9 层　100088）
天津翔远印刷有限公司印刷　新华书店经销
字数 208 千字　690 毫米 ×960 毫米　1/16　17 印张　插页 4
2018 年 7 月第 1 版　2018 年 7 月第 1 次印刷
ISBN 978-7-5596-1728-6
定价：39.80 元

后浪出版咨询（北京）有限责任公司常年法律顾问：北京大成律师事务所
周天晖 copyright@hinabook.com

未经许可，不得以任何方式复制或抄袭本书部分或全部内容
版权所有，侵权必究

本书若有质量问题，请与本公司图书销售中心联系调换。电话：010-64010019